나이 60에 회사를 세웠다

나이 60에 회사를 세웠다
도전과 열정, 그리고 배움의 연속

초판 1쇄 발행 2024년 7월 5일

지은이 한승양
펴낸곳 드림위드에스
출판등록 제2021-000017호

교정 서은지
편집 서은지
검수 서은지
마케팅 위드에스마케팅

주소 서울특별시 강남구 학동로 165, 2층 (신사동)
이메일 dreamwithessmarketing@gmail.com
홈페이지 www.bookpublishingwithess.com

ISBN 979-11-92338-64-4(03320)
값 16,900원

- 이 책의 판권은 지은이에게 있습니다.
- 이 책 내용의 전부 또는 일부를 재사용하려면 반드시 지은이의 서면 동의를 받아야 합니다.
- 잘못된 책은 구입하신 곳에서 바꾸어 드립니다.

도전과 열정, 그리고 배움의 연속

나이 60에 회사를 세웠다

한승양 지음

"국내 최대 펀드매니저에서 칼국숫집 사장으로,
성공한 밀키트 기업가로 거듭난
도전과 열정의 여정"

드림위드에스

목차

추천사   8
프롤로그   12
들어가며   14

1부 잘나가던 나는 왜 일탈을 하게 되었나

1. 성장 과정   26
2. 직장 시절   30
3. 탈출: 안정적인 직업을 떠나 정글로   38

2부 요식업에 진출하다

1. 칼국수한마당 창업   46
2. 직영점을 늘려 나가다   51
3. 칼국수 가정간편식(HMR) 개발과 배달   52
4. 에피소드 두 가지   56
5. 프랜차이즈업 진출과 실패   58
6. 칼국수한마당의 메뉴들   61

3부 60세에 회사를 세우다

1. 상표 등록	70
2. 식당 메뉴를 밀키트로	72
3. 공장 계약	73
4. 인증 취득(HACCP 인증, 전통식품품질 인증 등)	74
5. 벤처기업과 Bootstrapping	77
6. 정부지원사업을 적극 활용하라	80
7. 수출 시작: 미국시장으로 나아가다	82
8. 건강을 중시한 신메뉴 개발	86
9. 사업은 장사하고는 다르더라	89
10. B2C거래와 B2B거래	90
11. 브랜딩 전략	91
12. 성장 단계별 전략이 필요하다	93
13. 끊임없이 공부하라	95
14. 오팔세대의 고민	97
15. 내가 사업을 하는 이유	99
16. 가족 이야기	100
17. 아들 졸업식장에서	102

4부 새로운 꿈을 꾸며(향후 사업계획)

1. 공장 이전과 자동화 설비 확충   106
2. 제조 공정의 혁신   108
3. 전략 선언서   110

부록

1. 작가와의 인터뷰   114
2. 작가 관련 기사 모음   137
3. ㈜한마당 회사 소개서   156

에필로그   164

추천사

　한국 사회는 이미 고령사회에 들어섰고, 2025년이면 초고령사회로 진입한다. 은퇴 후의 건강한 삶을 어떻게 영위하느냐가 중요한 사회가 되었다는 의미다. 환갑이 넘은 주변의 선후배들을 봐도 은퇴 전부터 은퇴 이후의 삶을 준비한 사람들은 비교적 풍요로운 인생 후반전을 보내고 있는데, 준비 없이 은퇴를 맞이한 사람들은 연금이나 자산의 많고 적음의 문제보다 일상적인 삶의 보람을 찾는 데 어려움을 겪고 있다.

　저자는 금융맨으로서 사회에 진입했고, 잘나가던 직장을 40대에 그만두고 생맥주 전문점, 학원업 등을 거쳐 50대에 칼국숫집을 직접 차렸다. 칼국숫집을 차리기 전에 저자는 '내가 좋아하는 것, 하고 싶었던 것, 잘할 수 있는 것, 평생 함께할 수 있는 것'을 고려해 요식업 진출을 결정했고, 아이템은 칼국수로 출발했다. 개업 후 2년여 지난 시점에 구미동 본점에 찾아가서 해물칼국수 한 그릇을 맛있게 먹고 나오며 "아, 이제 칼국숫집 사장으로 성공의 길로 접어드셨네요."라고 찬사를 드렸더니 특유의 해맑은 웃음으로 화답한다. 역시 본인이 하고자 하는 일을 하면 몸도 마음도 더욱 건강해지는 법인가 보다.

　그 이후 칼국수한마당의 성공을 기반으로 프랜차이즈 사업으로 확장하더니, 얼마 안 지나 접고, 5년 전에는 '한마당'이라는 식품제조업체로 변신을 시도했다. 식당업 중심에서 식품제조업체로 바뀐다는 것은 '장사'에서 '기업형 비즈니스'로 새로운 도전을 시작했다는 뜻이다. 간간이 소식 전하며 새로운 도전을 응원했지만, 내 마음속으로는 걱정이 더 앞섰다. 회사 등록부터 상표 등록, 공장 부지의 취득과 생산 설비 구축, 각종 인증 작업, 브랜딩 및 홍보 등등 혼자서 감당하기 벅찬 일이고, 소기업에서 능력 있는 직원 뽑기도 어렵고, 장기 근속시키기도 어려운 게 일반적인 현실에서 저자가 앞으로 넘어야 할 산들을 생각하면 머리가 지끈거렸다.

  그런데 다행인 것은 저자는 그야말로 워커홀릭이라 일이나 사업 그 자체를 즐기는 스타일이라는 것이다. 처음 칼국수 식당을 차릴 때도, 60 넘어 기업형 비즈니스로 탈바꿈할 때도 가족과 주변의 반대를 무릅쓰고 추진한 만큼 그 성공의 가치와 의미는 배가 될 것이다. 2013년 개시한 칼국수한마당을 바탕으로, 2023년 '주식회사 한마당'을 식품제조가공업으로 발돋움하게 된 데는 끊임없이 공부하고 연구하는 자신의 노력이 가장 중요했겠지만, 고비고비마다 도움을 받을 수 있는 인연들, 그런 관계들이 어려운 도전을 헤쳐 나가는 데 큰 힘이 되었을 것이다.

  아무튼 이 책은 저자 자신의 자서전 같은 책이기도 하지만, 은퇴를 앞두거나 이미 은퇴한 '신중년'들에게 특별한 기술이 없어도 열정 하나로 자신이 좋아하고 의미 있다고 생각하는 일들을 공부하며 도전해서 성공할 수 있는 길을 보여 준다 할 것이다.

박종덕 ㈜리얼아이브이 대표이사

그의 전화를 받은 건 SK Global 분식회계로 세상이 시끄러울 때였다. "우리 회사가 너희 cp에 투자했어. 부실 규모가 얼마나 큰지 알려 줄 수 있어?" "……미안하다."

얼마 후 그가 그 투자에 책임을 지고 옷을 벗었다는 얘기를 전해 들었다.

다시 이십 년 정도 흘러 그가 칼국숫집을 운영한다는 얘기를 듣고 한동안 주저하다가 용기를 내어 그의 가게를 찾았다. 그는 없었다. 얼마 후 온통 광고 포스터로 도배된 배달차를 타고 돌아온 그는 우리를 반기고 잠시 앉았지만 눈으론 계속 매장 내 다른 손님들 식사하는 모습을 지켜보다가 이내 자리를 떠 다른 손님들 빈 반찬을 채워 준 후 주방으로 들어갔다. 찾아온 내게 콩국물 한 병을 주며 자부심으로 가득 찬 목소리로 말했다. "이거 정말 맛있어."

새벽마다 그가 진행하는 라이브 방송을 보는 것도 재미였다. 매일 아침 8시, 그의 방송은 몇 달 동안 어김없이 이어졌다. 직접 재료를 준비하고 요리를 하면서 "○○님 입장하셨네요, 방가방가~" 방송의 질은 솔직히 그냥 아저씨 수준.

"남들은 대개 성과를 못 거두었다고 하던데 네 라이브 방송이 짭짤했던 건 무엇 때문이니?"

"응, 그게 고정 시간대에 꾸준히 하는 게 중요하더라. 계속하니까 나중엔 몇백 명이 보면서 매출이 제법 나왔어."

이렇게 그는 끊임없이 배웠고, 배운 것은 주저함이 없이 직접 해 보앉으며, 해 보는 중에 본질을 찾아내어 그다음 단계로 나아갔다.

얼마 전 그가 친구 몇몇을 초대해서 물었다. 본격적으로 사업을 확장하려는데 친구들 생각은 어떠냐고. 60이 훨씬 넘은 나이에? 모두들 이런 저런 이유로 반대했지만 그의 얼굴은 밝았다. "사업을 하고 싶어. 재밌어." 재밌다는데 누가 말릴 건가? 공자가 말하지 않았던가? 재미있어하는 자를 따라갈 수 없다고.

수많은 사람이 사업에 도전한다. 그중 성공하는 사람은 매우 적다. 당연히 '운칠기삼'이다. 그러나 모든 사람 옆으로 똑같이 흘러가는 7의 '운'을 잡아내는 건 바로 3의 '기'다. 이 책을 통해 다른 사람들도 자기가 좋아하는 일을 찾아내고 운이 아니라 '기', 자기 안의 '끼'를 발견할 수 있기를 희망한다.

김상현(서울지역협동조합협의회 회장)

프롤로그

60세가 되어 회사를 설립했다.

은퇴할 나이에 오히려 새로운 도전을 시작한 것이다. 잘나가던 직장을 40대에 그만두고, 오랜 방황 끝에 50대에 시작한 칼국숫집에서 나는 새로운 희망의 빛을 보았고 모든 메뉴를 밀키트로 제조하여 판매하는 식품제조업체를 설립하였다. 다행히 회사는 초기의 어려움을 극복하고 매년 급속히 매출이 성장했으며, 5년 차인 올해 마침내 자가 공장을 세워 대량생산체제를 구축했다.

주변의 만류에도 불구하고 위험하다고 하는 정글로 홀로 뛰어들어 온갖 시행착오를 겪으며 살아남았고, 마침내 새로운 사업모델을 만든 것이다. 그 과정에서는 오롯이 새로운 것에 대한 도전과 열정, 배움만이 자리했다.

나는 성공한 기업가도 아니며, 우리 회사는 소기업에 불과하다. 그러나 현재 진행형이며 여전히 미래를 향한 꿈을 꾸고 있다. 나이가 들어 회사를 만들고 새로운 것에 도전하며, 벅찬 마음으로 아침을 맞이하여 배우고 노력하며, 오늘 하루도 해냈다는 뿌듯함으로 잠자리에 든다.

공자는 60세를 耳順이라 했다. 사사로운 감정에 얽매이지 않고 객관적으로 판단할 수 있는 나이라는 뜻이다. 100세 인생 시대를 고려하면 60세는 새로운 삶을 시작하기에 좋은 나이며, 건강 상태도 예전의 40대와 비교할 수 있다. 이제는 주변의 시선을 벗어나 그동안 못 했던 일, 하고 싶었던 일을 마음껏 펼칠 수 있는 나이다.

50, 60년대에 태어나 치열한 경쟁 속에서 오늘날의 사회를 이룩한 자랑스러운 동년배들, 100세 시대에 인생의 전환점을 맞아 새로운 길을 모색하는 중장년들, 그리고 이 시대를 이끌어 가는 젊은 친구들에게 이 책이 작은 보탬이 되기를 바란다.

오늘의 내가 있기까지 정신적 지주였던 사랑하고 존경하는 부모님, 남편의 오락가락하는 행보를 함께 견뎌 준 아내, 그리고 사업한다고 제대로 뒷받침하지 못한 아이들에게 미안한 마음과 함께 이 책을 전한다.

들어가며

홈쇼핑 완판 신화의 기적: 새알팥죽 밀키트 20분 만에 완판

홈쇼핑 대기실에서 기다리던 중, 갑자기 MD의 다급한 목소리가 들려왔다. "물량 추가하세요." 급히 노트북을 꺼내 대기 물량을 추가했다. 얼마 지나지 않아 다시 전화가 왔다. "또 추가." 그리고 다시 한번, "물량 더 추가해 주세요!!"

완판! 40분 예정이었던 생방송이 20분 만에 종료되었다. "고객님들! 물량이 매진되어 방송을 마치겠습니다, 감사합니다!!"

홈쇼핑 스튜디오의 모니터에는 더 이상 상품을 살 수 없다는 문구가 큼지막하게 올라왔다. 진행자도 흥분된 목소리로 이제 재고가 없다고 반복해서 전했다.

현장에 오지 못하고 집에서 TV를 보고 있던 아내의 감격스러운 흐느낌이 전화 너머로 들려왔다. 지난 세월 동안 나와 함께 몸과 마음을 쏟아부은 시간이 떠올랐기 때문일 것이다. 나도 그런 아내의 모습에 뜨거운 눈물이 솟구쳤다.

해냈다. 나는 해낸 것이다. 지난 20년간 정글 같았던 창업 현장에서 겪었던 순간순간의 아픔이 파노라마처럼 스쳐 지나갔다.

새알팥죽 밀키트 홈쇼핑 세트장

TV홈쇼핑 완판 신화의 기적

2023년 11월 27일은 우리 회사의 대표 상품인 '오동리 새알팥죽'이 홈쇼핑 방송에 데뷔하는 날이었다. 긴장도 되었지만, 이미 온라인 사이트를 통해 많은 사랑을 받았기 때문에 TV홈쇼핑 고객들도 크게 다르지 않을 것이라 생각하니 큰 두려움은 없었다. 오히려 11년간 오프라인 식당을 운영하다가 모든 메뉴를 프리미엄 밀키트로 만들어 보자는 목표를 가지고 용인에 공장을 설립했고, 언젠가 이 밀키트들을 TV홈쇼핑에 내보내겠다는 꿈이 이루어진다는 설렘이 컸다.

처음에는 칼국수와 팥죽 전문점으로 시작하여 입소문을 타면서 분당 맛집으로 인정받게 되었다. 이후 매장 영업과 더불어 반조리 형태로 배달 서비스를 시작했고, 식품 공장을 설립하여 모든 메뉴를 밀키트 형태로 제조해 온라인에서 판매하는 전략을 선택하면서 큰 반향을 일으켜 성공적으로 판매량을 늘려 갔다.

자신감은 있었지만 방송이 시작되기까지 긴장된 마음을 감출 수 없었다. 마음을 졸이며 모니터를 통해 판매 상황을 보고 있는데, 맙소사! 방송 시작 20분도 되지 않아 준비한 양이 모두 팔리는, 소위 '완판' 상황이 벌어졌고 추가 투입된 물량도 5분 만에 완판되었다. PD는 판매 목표의 200%를 달성했다며 요즘 100% 달성도 쉽지 않다고 했다.

그 후 12월 6일 새벽 재방송에서도 두 번째 완판을 기록했다. 새벽 3~4시에 팥죽이 팔릴까 걱정했지만, 새벽 시간에도 불구하고 완판되었다. '이 시간에도 팥죽이 다 팔리다니, 아니 홈쇼핑에서도 우리가 만든 팥죽이 이렇게 잘 팔리다니 정말 믿을 수가 없었다!' 쏟아부었던 시간과 노력은 배신하지 않는다는 것을 다시 한번 확인하는 순간이었다. 이후 추가로 두 차례 더 방송이 이어졌고 기대 이상의 성과를 올렸다.

선정 과정

실제 방송은 11월 말이었지만 방송 날짜가 확정된 것은 무더운 여름이었다. 금융 전문가에서 칼국숫집 사장이라는 생소한 세계에 발을 들여놓은 이후, 새로운 도전을 거듭해 왔던 나에게 TV홈쇼핑은 한 번도 경험해 보지 않았던 또 다른 도전이었다.

　시작은 중소벤처기업부와 ㈜공영홈쇼핑에서 2023년 3월에 개최한 〈국내 우수 아이디어·혁신기업 제품 공모전〉을 인터넷 사이트에서 우연히 발견하면서 비롯되었다. 선정되면 공영TV홈쇼핑에 저렴하게 방영될 수 있는 기회를 제공받는, 중소기업을 위한 정부지원사업 중 하나였다. 위력이 예전 같지는 않다지만 여전히 판매 채널 중 가장 막강한 파워를 보유하고 있는 TV홈쇼핑에 방영되어 히트를 치면 대량 판매는 물론 제품의 브랜드 인지도가 크게 올라갈 수 있는 좋은 기회였다. 그러나 소기업에게는 그림의 떡이었다. 소요되는 비용이 만만치 않을 뿐더러 방영을 위해 제품을 사전에 충분히 준비했다가 판매가 부진하면 그 부담은 오롯이 제조사가 져야 하기 때문이다. 그래서 TV홈쇼핑은 대박 아니면 쪽박이라는 말이 있다.

　이 공모전에서 수상하면 방영 비용의 대부분을 중소벤처기업부로부터 지원받을 수 있고 새로운 유통 채널이 열릴 수 있는 기회였다. 우선 우리 제품인 오동리팥죽에 대해 냉철하게 평가해 보았다. '국내산 원재료만을 사용해 전통 맷돌 공법으로 만든 저염·저당의 동지 새알팥죽'은 그동안 매장 판매와 배달, 온라인 판매에서 꾸준히 인기를 끌던 대표 상품이었다.

　만에 하나 TV홈쇼핑에서 판매가 부진하더라도, 유통기한이 1년인 냉동 제품이라 폐기할 걱정이 없고 다른 판매 채널을 통해 판매하면 된다. 무엇보다도 우리 제품을 TV홈쇼핑에 방영하는 것은 나의 오랜 꿈이었다.

"그래, 도전해 보자."

선정 과정은 3단계로 이루어졌다(1차: 자격 심사 → 2차: 전문가 서류 심사 → 3차: 오프라인 PT). 1차 선정을 위해서는 심사 요건에 맞는 기본 서류들을 챙기고 제품과 회사에 대한 자료를 잘 작성해야 했다. 낮에는 업무로 바빠서 하지 못하고 이른 새벽에 일어나 차분히 준비했다. 그동안 노트북에 하나하나 축적해 놓았던 자료들을 꺼내어 정리했고, 막히는 부분들은 차근차근 공부하며 채워 나갔다. 거의 컴맹 수준이었던 내가 60이 넘어서 배워 가며 꾸준히 쌓아 왔던 데이터가 이때 큰 도움이 되었다. 1, 2차 심사는 무사히 통과되었고 마지막 단계인 PT가 기다리고 있었다.

나는 단순히 자료를 설명하는 일반 PT 방식에서 벗어나, 우리 제품을 현장에서 즉석으로 조리하여 심사위원들에게 선보이기로 계획했다. 아침 일찍 직원과 함께 방송국에 도착하여 10여 명의 심사위원들에게 즉석에서 만든 팥죽을 나눠 주면서 그들 앞에서 10분 정도 제품을 설명하고 질의응답 시간을 가졌다. 나의 발표는 한 마디 한 마디에 자신감이 넘쳤고, 모든 것을 직접 발로 뛰며 경험한 CEO답게 제품에 대한 어떤 질문에도 곧바로 상세히 답변할 수 있었다. 심사위원들이 발표를 듣고 시제품을 맛보며 고개를 끄덕이는 것을 보고 통과될 것을 직감했다. 직장에 다니던 시절부터 자신 있었던 PT는 성공적이었으며, 마침내 우리 제품은 우수상으로 선정되었다.

(좌) 우수 아이디어·혁신기업 제품 공모전 우수상 상패 (우) 우수상을 받던 순간

이후에는 담당 MD가 배정되었고, 까다로운 현장실사(QA)를 무사히 마쳤다.

준비 과정

선정된 후 TV홈쇼핑 방영에 대비하여 방송국에서 요구하는 기본적인 절차뿐만 아니라, 내부적으로 성공적인 마케팅을 위한 사전 준비를 철저히 하였다. 소비자들이 안심하고 제품을 드실 수 있도록 기존에 취득한 HACCP 인증 외에도 전통식품품질 인증과 FSSC 22000 인증을 추가로 취득하였다.

다음으로 포장 패키지의 디자인을 개선했다. 종전의 포장은 칼국수 한마당을 운영하면서 배달과 택배용을 목적으로 직접 만든 것으로, 내용과 디자인 모두 수정이 필요했다. 크몽 사이트를 통해 적절한 디자인 전문가를 찾아 1개월에 걸친 협업을 통해 멋진 포장 패키지를 완성할 수 있었다.

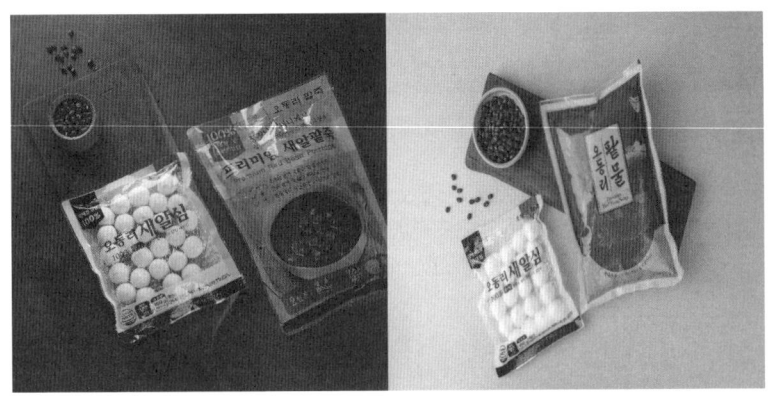

(좌) 이전 포장 패키지 (우) 바뀐 포장 패키지

방송 중간에 방영할 제품 홍보를 위한 동영상도 제작했다. 기본 콘셉트는 '엄마 생각'과 '팥죽귀신'으로 설정했다.

'어렸을 때 동짓날, 엄마가 해 주시던 바로 그 맛이야. 먹으면서 (돌아가신) 엄마가 생각나네요. 엄마! 보고 싶어요.'라는 이야기는 우리 제품에 대한 온라인 리뷰에서 영감을 받았다.

'팥죽귀신'은 옛날에는 동짓날에 팥죽을 뿌려 귀신을 물리친다는 전래동화에 착안하여 귀신이 싫어하는 팥죽을 오늘날은 밀키트를 통해 사시사철 접하게 되었으니 '이제 귀신도 못 해 먹겠네!'라고 외치는 콘셉트로 만들었다.

두 콘셉트 모두 내 아이디어에서 출발한 것이다.

오동리 새알팥죽 광고 中

이어서 물량 준비 단계에 돌입했다.

TV홈쇼핑 방영을 위해서는 사전에 많은 수량의 제품을 준비해야 했는데, 오동리 새알팥죽은 온라인에서 여전히 많이 판매되고 있어 특별한 생산 대책이 필요했다. 생산과 포장 공정은 주로 수작업에 의존하고 있었고, 보관은 급속 냉동 방식으로 이루어지고 있어 보관 공간이 부족했다. 20,000세트 이상을 준비해야 했지만 하루 생산량은 800세트에 불과했다. 그래서 우선 알바생을 추가 모집하여 야간 근무반을 편성하고 설비를 최대한 가동시켰다. 부족한 냉동 창고는 주변의 3PL 업체와 계약을 통해 해결했다. 제품을 생산하여 이틀 동안 급속 냉동

시킨 후 3PL 업체로 보내어 보관하다가 방송 당일에 일괄적으로 출고하는 방식을 채택했다.

오동리 새알팥죽의 제조 공정은 팥을 끓여 팥물을 만든 뒤, 팥을 삶아 맷돌로 간 다음 포장하여 급속 냉동하는 것이다. 이 중에서 곱게 간 팥물을 포장지에 넣는 포장 공정이 가장 큰 문제였다. 처음에는 수작업으로만 하다가 이후에는 실링기(밴드실러기)를 도입했지만 여전히 수작업의 범위를 벗어나지 못했다. 그렇게 많은 수량을 포장하려면 자동 포장기가 필요했지만, 그 비용이 만만치 않았다.

하늘은 스스로 돕는 자를 돕는다고 했던가!
때마침 9월에 중소제조업체를 대상으로 하는 정부지원사업인 〈스마트공장 개선 사업〉이 공고되어 필사적으로 준비한 끝에 자동 포장기 2대와 스마트공정 구축을 위한 H/W와 S/W를 지원받을 수 있었다. 이 덕분에 우리는 TV홈쇼핑을 성공적으로 마칠 수 있었고, 이는 회사의 성장에 큰 역할을 하게 되었다.

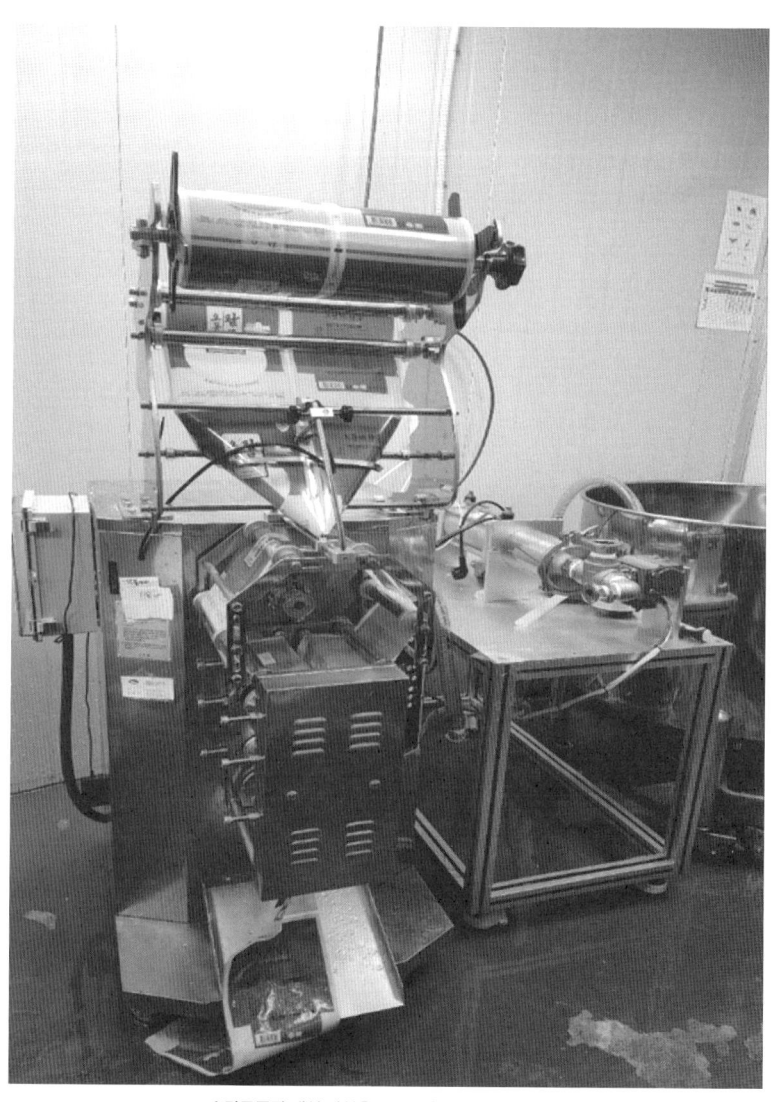
스마트공장 개선 사업을 통해 지원받은 자동 포장기

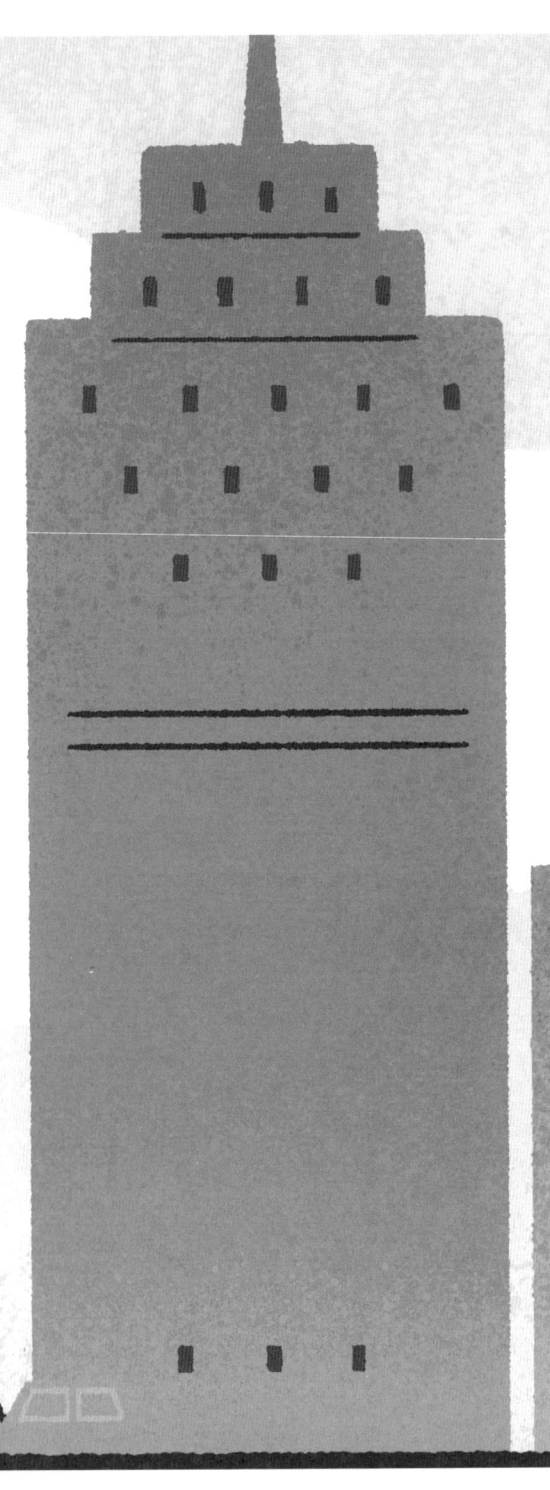

1부

잘나가던 나는
왜 일탈을 하게 되었나

1. 성장 과정

지금은 식품제조업체를 경영하고 있지만, 사실 내 전공이나 직장, 성장 배경은 식품 분야와 전혀 관련이 없었다. 내가 처음 칼국숫집을 시작한다고 했을 때, 돌아가신 아버지께서는 "우리 집안에는 장사꾼이 없는데…."라고 말씀하실 정도였다.

아버지는 서울대학교에서 헤겔철학을 전공한 철학과 교수이셨다. 대학원 졸업 후 고향인 전북대학교에서 교편을 잡고 계시던 아버지는 내가 국민학교에 다니던 40대 중반에 일본으로 유학을 떠나기로 큰 결심을 하셨다. 유학 후 1년간만 급여가 지급되는 상황이었기에 아버지의 결단은 가족에게는 큰 부담이 되었고, 어머니는 남편과 4명의 어린 자녀를 돌보기 위해 인삼 보따리 장사 등 아르바이트로 학비와 생활비를 충당하셨다. 아버지의 도전정신과 열정, 그리고 어머니의 헌신 덕분에 아버지는 외국인 최초로 동경대에서 철학박사 학위를 취득하셨다.

그런 아버지이셨기에 큰아들인 나에게 거는 기대도 크셨다. 빈농 집안의 8남 1녀 중 7번째로 태어나 조실부모하고, 갖은 고생 끝에 당신의 뜻을 이루신 아버지는 나를 안정적인 의사의 길로 이끌고 싶어 하셨다. 27년생인 당신께서는 일제시대와 해방 후 극심한 좌우대결,

6.25전쟁, 그 후의 격동의 시대를 겪으시면서 '어느 시대가 와도 의사는 반드시 살아남더라.'라는 것을 절감하셨다. 내 적성에는 맞지 않았지만 아버지의 뜻에 따라 이과로 진학하였고 졸업 후 서울대 치대에 지원하였다. 그해는 예외적으로 치대 커트라인이 의대보다 높았던 해였고, 결과는 낙방이었다. 인생에서의 첫 실패 앞에서 나는 아버지가 원하던 길로의 재도전은 하고 싶지는 않았다. 아버지의 뜻을 어기고 나의 길을 가고자 문과로 전과하여 재수를 결심했다.

제 길을 가겠다고 큰소리치며 결정한 재수였지만 과정은 순탄치 않았다. 다시 낙방하여 후기인 성균관대학교에 합격하긴 했지만 아버지에게 당당하고 싶었던 마음이었는지, 내 의지로 선택한 길을 보여 주고 싶은 마음이 더 컸는지, 입학 한 달 만에 삼수라는 고된 길을 선택했다. 당시에는 서울대 합격만이 인생의 전부라고 생각했던 것 같다(난 가끔 이런 생각을 하곤 한다. 그때 생각을 달리했으면 내 인생이 더 풍요롭지 않았을까? 어쩌면 내 길은 그게 맞았을지도 모른다).

마침내 서울대학교 사회과학대학에 입학하게 되었다.

입학 후, 2학년에 올라가면서 선택한 학과는 무역학과(국제경제학과)였다. 학교를 느지막이 들어가다 보니 학교 다니는 것이 별로 재미가 없었고 어차피 다녀와야 하는 것, 일단 다녀오자는 생각에 군대를 가게 되었다. 군대 생활에서 접한 다양한 사람들과 새로운 환경은 나에게 커다란 자극이 되었다. 복학하자마자 고시공부(행시 재경직)에 뛰어들었고 3학년 때 1차 합격 후, 4학년 때 2차는 불합격을 했다(나는 시험운이 참 없는 셈이다. 어렵게 대학교에 들어오니 다음 해에 졸업정원제가 생기면서 입학정원이 배 이상 늘었고, 고시를 그만두자마자 다음 해에 재경직 선발인원이 5배가 늘었다). 당시는 서울대 출신들에게 취업의 문호가 크게 열렸던 시절이라 맘만 먹으면 민간기업은 쉽게 들어갈 수 있었던 시절이었다. 아내랑 한참 연애를 하던 시절이기도 하고 공무원 길만이 꼭 가야만 하는 길은 아니라는 생각이 들면서 고시공부를 때려 치고 취업을 선택하였다.

첫 번째 직장은 한미은행이었다(그 후 한국씨티은행이 되었다). 민간 시중은행을 추가로 설립한다는 정부정책에 따라 재일교포계인 신한은행과 비슷한 시기에 설립된 미국 BOA(Bank of America)와 한국기업들의 합작 시중은행이었다. 높은 급여와 자유로운 근무 분위기 등에 끌려 삼성그룹 연수 도중 뛰쳐나와 입사하였다(그 당시 용인 자연농원 내에 위치한 삼성그룹 연수원은 마치 군대조직과 비슷한 일사불란한 분위기로 진행되어 자유분방한 나의 스타일과는 맞지 않았다). 한미은행을 1년 정도 다니면서 결혼도 하고 실력 있는 훌륭한 직장 상사들을 만나 재미를 붙이려고 하던 즈음 때마침 불어온 증권회사 열풍에 나는 증권회사로 이직하였다.

1980년도 중반은 자본시장 선진화 바람을 타고 증권회사가 최고의 직장으로 등장하면서 많은 젊고 유능한 인재들이 증권회사로 몰렸던 시절이었다. 당시 증권회사는 급여수준이 높기도 했고, 향후 자본시장이 크게 성장할 것이라는 기대감도 있었기 때문에 도전의식이 강했던 젊은이들에게는 증권회사가 꿈의 직장이었다. 더구나 근무하는 직원에게 회사의 주식을 나눠 주는 우리사주제도도 이점으로 작용했다. 다른 직장과는 달리 수평적인 의사소통이 이루어지는 분위기가 강했기 때문에 신입사원 시절부터 상사의 눈치를 보지 않고 자신의 잠재력과 능력을 맘껏 발휘할 수 있다는 점도 큰 장점이었다.

2. 직장 시절

1) 쌍용투자증권(현 신한투자증권)

쌍용투자증권은 쌍용그룹이 효성증권을 인수해 설립한 회사로, 당시 재무부 출신인 고병우 사장님의 주도로 자본시장을 선도하는 증권회사로 자리 잡으며 우수 인재들의 집합소가 되었다. 나는 경제연구소에 입사해 주로 투자분석과 기업분석 업무를 맡았다. 직장 생활은 내 적성에 잘 맞았고, 훌륭한 상사들 덕분에 많은 것을 배울 수 있었다. 특히 우리 팀을 이끌던 박광택 과장님과의 추억은 평생 잊을 수 없다. 그의 예리한 분석력과 독특한 성격은 내 삶에 큰 영향을 미쳤다(수년 전, 칼국수한마당 매장 운영에만 전념하던 어려운 시절, 동료들과 함께 찾아와 위로해 주셨을 때 눈물이 날 정도로 감동을 받았다. 그분은 나에게 영원한 과장님으로 기억에 남아 있다). 훌륭한 상사의 가르침과 열정적인 노력 덕분에 우리 팀은 항상 높은 성과를 기록하고 좋은 평판을 받았다. 적성에 맞는 직장 생활이 재미있어 나는 피곤한 줄 모르고 퇴근 후에는 연세대학교 경영대학원에 다니며 역량을 키우기 위해 노력했다.

그러던 중 미국 뉴욕 월스트리트에 있는 Cowen증권회사에서 3개월간 채권 운용 관련 연수를 가게 되었고, 이후 채권부로 인사 이동하면서 본격적인 채권 전문가의 길을 걷게 되었다. 채권은 주식과 함께 자본시장의 양대 축이었지만 당시에는 주식에 비해 크게 낙후되어 있었다. 미국 연수 시절 이 분야의 성장 가능성을 간파한 나는 귀국 후 채권부로의 인사이동을 요청했고 마침내 기회가 찾아왔다(당시 이상구 부장님, 윤기정 과장님, 송해경 대리님으로부터 배운 실력과 경험은 후에 국민연금관리공단 기금운용본부 채권운용팀장 시절에 큰 도움이 되었다).

　주식과 채권 양 분야에 대한 실력이 붙은 후, 주식운용부에서 근무하며 당시 낯설었던 신종증권인 전환사채(CB)에 투자해 회사에 큰 투자 수익을 안겨 주기도 했다.

　요즘 가끔 인터넷에서 증권회사 직원이 엄청난 연봉을 받았다는 기사를 보곤 하지만, 내가 증권회사에 다니던 시절은 인센티브가 거의 없었고 토요일에도 반나절은 출근해야 했던 시기였다. 당시 증권회사의 주요 수익은 주식 브로커리지 수수료에 의존했기 때문에 특정 분야의 전문가 양성보다는 영업점 중심의 순환근무가 중요시되던 시기였다. 즉, 높은 위험과 낮은 보상으로 직원의 희생이 강요될 수밖에 없었다. 주식시장이 하락하면서 증권회사에 몰렸던 많은 인재들이 몰락하는 것을 목격한 나는, 본사 영업부로 발령받자 이직을 결심하였다.

2) 교보증권

　교보증권은 교보생명이 대한증권을 인수한 회사다. 대한증권은 당시 서울신탁은행의 자회사로서 가장 오래된 증권회사였지만, 비상장

소규모 회사였다. 증권회사 운영 경험이 없는 교보생명은 외부 인력을 충원해 대한증권을 키우려는 계획을 세웠고, 나는 비전추진팀장(전략기획팀장)으로 합류했다. 이후 채권팀장, 법인영업부장을 역임하며 자본시장에서 전문가로서 활동했고, 특히 채권팀장 시절에는 선도적으로 기업어음(CP) 업무를 도입해 회사 수익에 크게 기여했다. 그러던 중 IMF 사태가 발생해 새로운 도전의 계기를 마련하게 되었다.

3) 국민연금관리공단 기금운용본부

오늘날 국민연금기금은 운용규모가 1,000조 원에 이르는 세계적인 공적연금이다. 국민연금은 1988년 10인 이상 사업장 근로자를 대상으로 시작해 농어촌과 도시 지역 주민, 2006년부터는 1인 이상 사업장까지 확대되어 전 국민이 가입하게 되었다. 가입자와 기금운용규모가 급증하면서 국민연금관리공단은 외부 전문가를 영입해 운용의 전문성을 높이려는 움직임을 보였다. 이는 기금운용의 수익성을 높이고 독립성을 확보하기 위한 것이었으며, IMF 사태로 연기금운용의 중요성이 부각되면서 외부 전문가 채용 공고가 나왔다.

급여 등 근무조건은 증권회사 시절보다 열악했지만, 민간부문에서 쌓은 운용 노하우를 국민연금기금운용에 활용하겠다는 책임감으로 새로운 도전에 나섰다. 그 결과 4명의 운용역 중 채권운용역으로 선발되었다. 당시 국민연금관리공단은 방대한 채권운용규모에 비해 운용인프라가 부족했기 때문에, 민간부문에서의 경험을 바탕으로 운용인프라를 구축하는 것이 우선이었다. 연휴 3일을 꼬박 새워 막냇동생(현재 대형운용사 CIO)의 도움을 받아 채권재고 관리체계를 구축했다. 이를 바탕으로 적극적인 운용방식을 도입하고 ABS 등 신종채권을 적극적으로 도입해 뛰어난 성과를 거두었다.

그러나 공공기관 조직의 특성상 기존 직원들의 반발로 기금운용본부 설립은 답보상태에 머물렀다. 공단 내부적으로도 국회, 시민단체 등의 여론에 밀려 어쩔 수 없이 모양만 갖추어 추진하는 소극적인 입장을 취하고 있었다. 이런 상황에서 채권운용 전문가로 채용된 나는 본래의 채권운용 외에도 기금운용본부 설립에 있어서 리더 역할을 맡게 되었다. 내부적인 반발과 음해, 업무 방해로 인해 힘든 시간을 보내며 사직서를 여러 번 꺼냈다가 집어넣곤 했다.

어느 날, 공단으로 보건복지부 P 사무관이 찾아왔다. 첫인상은 호리호리하면서도 당찬 표정이 인상적이었다.

"선배님! 이제 제가 이 업무를 담당하게 되었습니다. 선배님께서 그동안 많이 힘드셨을 텐데 제가 열심히 돕겠습니다!"

알고 보니 그 사무관은 대학 6년 후배였다. 새로 발령받고 상황을 파악한 후, 본인의 역할에 대한 계획을 가지고 찾아온 것이었다. 보건복지부는 국민연금관리공단의 상급 부처였고, 기금운용체계 구축은 부 내에서도 뜨거운 감자였다. 그래서 뛰어난 실력으로 평가받던 그 사무관이 특별히 발령받은 것이었다. 그는 실력뿐 아니라 주관이 확실하고 추진력도 뛰어났으며, 높은 도덕성까지 갖춘 훌륭한 인물이었다. 그와 나는 2년 동안 방해와 로비, 압력을 이겨 내며 기금운용본부를 설립하고 자리 잡게 하는 데 핵심적인 역할을 했다.

시간이 흘러 사무관도 보건복지부 내 다른 곳으로 전출되었고, 나도 공단과 계약한 4년을 채우고 민간운용기관으로 이직하던 날, 후배와 저녁을 함께하며 헤어지기 전에 뜨겁게 포옹하며 서로를 격려했다.

"선배님! 그동안 너무 고생하셨어요."

"아닙니다, 사무관님이 계셨기에 가능했던 일입니다. 지난 4년이 아마 내 일생에서 가장 기억에 남는 일이 될 겁니다."

20여 년이 지난 최근, TV에서 보건복지부 고위직으로 중대 역할을 수행하는 그의 얼굴을 보게 되었다. 우리 정부, 아니 대한민국의 미래가 어둡지만은 않다는 생각이 들었다.

지금도 우리 집 장식장의 한편에는 그 당시 힘든 시절을 함께한 동료들이 퇴사할 때 준 감사패가 있다. 돈보다 값진 시절을 피땀 흘리며 보냈던 자랑스러운 기록이다.

국민연금관리공단 기금운용본부에서 정신없이 일하다 보니 어느덧 4년이 지나가고 있었다. 기금운용본부를 설립하는 데 주도적인 역할을 했고, 투자전략팀장과 채권운용팀장으로서 운용체계를 구축하며 탁월한 성과를 거두었다. 이로 인해 4년 내내 고과에서 최우수 등급을 받았다. 처음 외부 전문가로 영입되면서 기대했던 역할을 200% 성실하게 해낸 것이었다. 내 인생에서 가장 영광스럽고 자랑스러운 시절이었다.

하지만 공공기관의 한계 때문인지, 아니면 우리나라 최대 규모의 펀드를 운용하는 것에 대한 견제 때문인지, 기금운용 외적인 요구사항들이 외부로부터 압박으로 다가왔다. 본연의 운용 업무가 아닌 일로 감사원과 국회를 오가며 회의감이 들기 시작했다. 게다가 급여수준도

낮아 공단에 재직하는 내내 아내도 부업을 해야 했다. 오직 국가와 사회에 봉사한다는 사명감 없이는 버틸 수 없는, 희생과 봉사로 점철된 4년이었다. 기금운용 외의 압박과 부담이 커지면서 나는 결심했다.

"이제는 할 만큼 했으니 다시 민간으로 돌아가자."

국민연금관리공단 기금운용본부 퇴직 시 동료들로부터 받은 감사패

서울대발전기금 자문위원 공로로 서울대학교 총장으로부터 받은 감사패

국민연금 기금운용본부 재직 시절, 영광스럽게도 모교인 서울대학교 발전기금의 자문위원으로도 활동하였다

4) 우리투자신탁운용

우리금융 그룹 내 우리투자신탁운용의 운용담당임원(CIO) 자리가 나서 제안을 받았고, 우리금융그룹 내 최연소 임원이라는 타이틀과 함께 나는 다시 여의도로 돌아왔다. 다시 돌아온 여의도에서의 삶은 겉보기에는 화려했다. 억대 연봉에 전용 승용차, 한강이 보이는 멋진 뷰의 사무실이 제공되었다. 누구나 부러워할 만한 생활이었지만, 그 달콤함은 오래가지 못했다.

SK글로벌 사태가 터지면서 금융시장이 요동쳤다. SK글로벌 사태는 2003년 초에 발생한 SK글로벌(현 SK네트웍스)의 1조 5천억 원 규모의 분식회계 사건이다. 재계를 대표하는 SK그룹 내부에서 터진 사건으로, SK그룹은 물론 한국 경제가 혼란에 빠지고 국가 신인도까지 흔들리는 사상 초유의 사태였다. 당시 SK회장의 구속과 함께 주가는 폭락하고 금리와 환율은 폭등하며 금융시장이 쑥대밭이 되었다. SK글로벌이 발행한 주식, 채권, CP를 편입한 금융기관들은 거의 모두 어려움을 겪었고 우리투자신탁운용도 예외는 아니었다.

SK글로벌 유가증권은 당시 신용등급이 투자적격 수준인 A등급이었고, 우리투자신탁운용의 편입 규모는 전체 운용 규모에서 비중이 크지 않았다. 나는 편입 사실을 지시하지 않았고 사후에 알게 되었음에

도 불구하고, 운용에 대한 최종 책임자인 CIO로서 도덕적 책임을 질 수밖에 없었고 결국 사직했다.

  나의 경력이나 평판을 볼 때 동종 업종에서 새 직장을 찾는 것은 어렵지 않았으나, 마음 깊은 곳에서 알 수 없는 생각이 스멀스멀 올라오기 시작했다. 대학 졸업 후 20여 년간 증권인으로서 살아오면서 펀드매니저로 우리나라 최대 규모의 펀드 운용도 해 봤고, 국민연금 기금운용본부의 설립에도 중추적인 역할을 해 왔으니 이제는 지금까지와는 전혀 다른 새로운 삶을 살고 싶다는 생각이 들었다. 진정으로 내가 하고 싶은 일이 무엇인지, 앞으로 내가 해야 할 일이 무엇인지 찾아보고 도전하고 싶었다.

3. 탈출: 안정적인 직업을 떠나 정글로

1. 직장 생활의 굴레를 벗어나다

'직장 생활 마치고 내 사업을 해 보자.'

당시 아직 40대 초반의 젊은 나이였고 누구보다도 빠른 성취를 이루었기 때문에 나는 이곳을 떠나도 무엇이든지 잘할 수 있으리라는 자만감에 빠져 있었다.

하지만, 20년간의 직장 생활을 그만두고 그 후 내가 접한 세상은 마치 정글과 같았고 호기롭게 시작했던 새로운 삶의 결과는 고난의 연속이었다는 사실을 깨달은 것은 그리 오래 걸리지 않았다. 자신감 넘치게 사직서를 던지고 건물 밖을 나서던 당시의 나는 생각지 못한 어려움이나 실패를 만나게 되리라고 전혀 예상하지 못했었다.

아내는 내가 어떤 결정을 내리더라도 항상 나의 결정을 존중해 주었다. 회사에 사표를 내고 집으로 돌아온 날, 지난 20년간의 직장 생활을 마치고 내 사업을 해 보겠다는 중대한 의사결정을 말해 주었다. 아내는 내 말에 이렇게 답했다.

"당신의 생각이 그렇다면 그렇게 해요. 나는 당신의 능력을 믿어요."
 나를 언제나 뒤에서 최선을 다해 도왔던 아내 덕분에 수많은 어려움 속에서도 헤쳐 나갈 수 있었다.

 직장 생활을 그만두고 가장 먼저 한 일은 고향에 내려가는 것이었다. 대학을 다니기 위해 서울로 올라가기 전까지 태어나서 고등학교까지 어린 시절을 보낸 나의 고향 전주, 이십여 년 만에 다시 내려가게 된 것이다. 당시 나는 정신적으로 지쳐 있었고 돌파구가 필요했다.

 하지만 정말 잘못된 선택은 가족과 헤어져 홀로 내려갔다는 것이다. 아이들은 다니고 있던 학교를 계속 다녀야 했기 때문에 아내와 아이들을 분당에 놔둔 채 나 혼자 전주로 갔었다. 이제 막 사춘기에 접어든 아이들과 그 아이들의 심신을 모두 혼자 돌봐야 하는 아내를 두고 새로운 일에 도전해 보겠다고 호기롭게 고향으로 내려간 무책임한 가장, 이것이 그 당시 나의 모습이었다. 다시 생각해 보건데 나만을 생각해서 내린 이기적인 선택이었다. 그 선택으로 인해 가족들이 얼마나 힘들어질지에 대해 더 많이 고민하지 못했던 것은 지금도 후회가 많이 남는다. 내가 힘든 것은 그나마 견딜 수 있었지만 이전과 전혀 다른 새로운 삶, 당장 내일의 안정이 전혀 보장되지 않는 삶을 살아야 했던 가족들이 받았던 심리적, 경제적 어려움은 이루 말할 수 없었다.

 그 당시 나는 그동안의 수많은 성공 경험에 빠져서 세상을 너무 만만하게 생각했던 것이다. 꼬박꼬박 월급이 나오고 주어진 일만 잘하면

되는 안정적인 직장이라는 울타리 안에서 편안한 생활을 해 왔던 나는 이제 아무도 나의 오늘을 책임져 주지 않고 내일도 보장해 주지 않는 자영업자들의 정글과 같은 세계 속에서 살아남기 위해 치열한 사투를 벌여야 했다.

2) 생맥주 전문점의 성공과 실패

전주에 내려가서 부모님과 아내의 도움을 받아 조그마한 건물을 구입하여 임대관리를 하면서 빈 공간에 생맥주 전문점을 오픈하였다. 분당에 있던 잘나가던 생맥주 전문점을 벤치마킹하여, 아늑한 인테리어를 갖추고 요리를 메뉴로 한 패밀리 레스토랑 콘셉트의 생맥주 전문점을 연 것이다.

밤늦은 시간까지 오픈해야 하는 호프집이라는 비즈니스는 삶의 사이클을 완전히 달라지게 만들었다. 밤낮이 바뀌면서 불과 한 달 만에 몸무게는 6kg이 줄어들었고 항상 피로감에 시달렸다. 비단 육체적인 문제만 발생하는 것이 아니라, 아직 젊고 서로 같이 헤쳐 나가야 되는 일이 많은 40대 초반의 부부가 떨어져 살다 보니 크고 작은 이슈에서 갈등이 커지게 되기도 했다. 거기에 더해서 고등학교에 다니면서 공부를 썩 잘했던 큰아이가 수능을 앞두고 가출을 했다는 소식은 나를 더욱 힘들게 하였다. 아빠가 곁에 있었다면 그래도 가까이서 지켜 줄 수 있었을 텐데…. 후회와 좌절감, 미안함이 폭풍같이 밀려왔다. 호프집을 시작한 지 몇 달도 되지 않은 상태에서 맞닥뜨린 현실은 정말 앞이 전혀 보이지 않는 끝없는 수렁 같았다.

 내가 세상을 너무 몰랐구나, 진짜 쉽게 본 것이구나, 다시 증권업계로 되돌아가야 하나…. 내적갈등이 지속되면서 수개월이 더 흘러갔다.
 안팎의 무수한 문제들은 시간이 흐를수록 전혀 해결될 기미를 보이지 않았고 나는 결국, 전주에서 야심 차게 열었던 호프집을 1년 만에 정리하고 다시 서울로 올라왔다.

 하지만 1년간의 경험이 실패로만 끝난 것은 아니었다. 내가 전주에 호프집을 내면서 벤치마킹했던 분당의 생맥주 전문점 사장으로부터 공동으로 프랜차이즈 사업을 시작해 보면 어떻겠느냐는 제안을 받은 것이다. 나와는 달리 현장에서 치열하게 살아오면서 사업가로서 능력을 발휘해 온 그는 본인이 부족한 부분을 내가 메꿔 주리라는 생각으로 나에게 제안을 했었고 고민 끝에 서로 지분을 공동으로 투자하여 생맥주 전문점 프랜차이즈 사업을 시작하였다. 가족과 함께 생활할 수 있다는 점도 결심을 재촉하였다.
 그로부터 만으로 4년 동안 그와 나는 프랜차이즈 사업을 열심히 하였고 사업이 성장하여 체인점도 100여 개로 늘어나는 등 큰 성과가 있었다.
 나로서는 문외한이나 다름없었던 요식사업에 대해서 알게 되었고 서로 부족한 점을 메꿔 주면서 사업상의 여러 가지 문제를 헤쳐 나가는 win-win하는 관계였다. 나의 새로운 잠재력을 알게 된 중요한 경험이었다.

그러나 어찌됐든 누군가와 같이 하는 일이다 보니 동업이라는 게 잘 돼도, 못돼도 갈등이 있을 수밖에 없었다. 그래서 혼자 할 수 있는 사업은 없을까 모색하고 있던 중에 지인으로부터 학원을 해 보면 어떻겠냐는 제안이 들어오면서 마음이 흔들렸다. 고등학교 다닐 때 공부도 제법 했었고 삼수를 하면서 학원공부도 해 본 경험이 있겠다, 잘할 수 있으리라고 생각되어 학원 사업을 시작해 보기로 했다. 생맥주 전문점 프랜차이즈 사업은 동업자와 지분을 정리하면서 해피 엔딩으로 마쳤다.

3) 대형학원 경영의 명암

분당 주변에 동백신도시가 개발되면서, 청솔학원의 프랜차이즈로 학원 사업을 시작했다. 중고등학생들을 대상으로 하는 종합학원이었는데 외고도 보내고 동백신도시에서는 처음으로 의대생도 입학시켰다. 언젠가 길었던 추석 연휴 기간 내내 외고 준비생들을 모아 아침부터 밤까지 하루 종일 같이 공부한 적도 있었다. 학생들의 성적도 좋았고, 학원은 평판이 점차 높아지고 있었다.

그러나 모든 것이 계속될 수 없는 법, 학원이 번창하던 중 대형 사고가 발생했다. 학원의 경리직원이 학부모들에게 할인을 약속하고 학원 수강료를 카드 대신 현금으로 받아 오는 등의 수법으로 거액의 돈을 횡령했고 이 사건으로 인해 학원 선생님들도 피해를 입었다. 나중에 알아보니 전과가 있었던 부부 사기단이었다. 책임자로서 나 자신을 돌아보게 되었고, 사람을 너무 믿어 왔던 내 스타일이 문제였다는 것을 깨달았다. 경찰과 법원을 오가는 일이 빈번해지고, 마음도 피로해져 결국 학원 사업을 접어야만 했다.

　위 사건이 없었으면 학원 원장으로서의 삶을 계속 이어 나갔을 것이다.

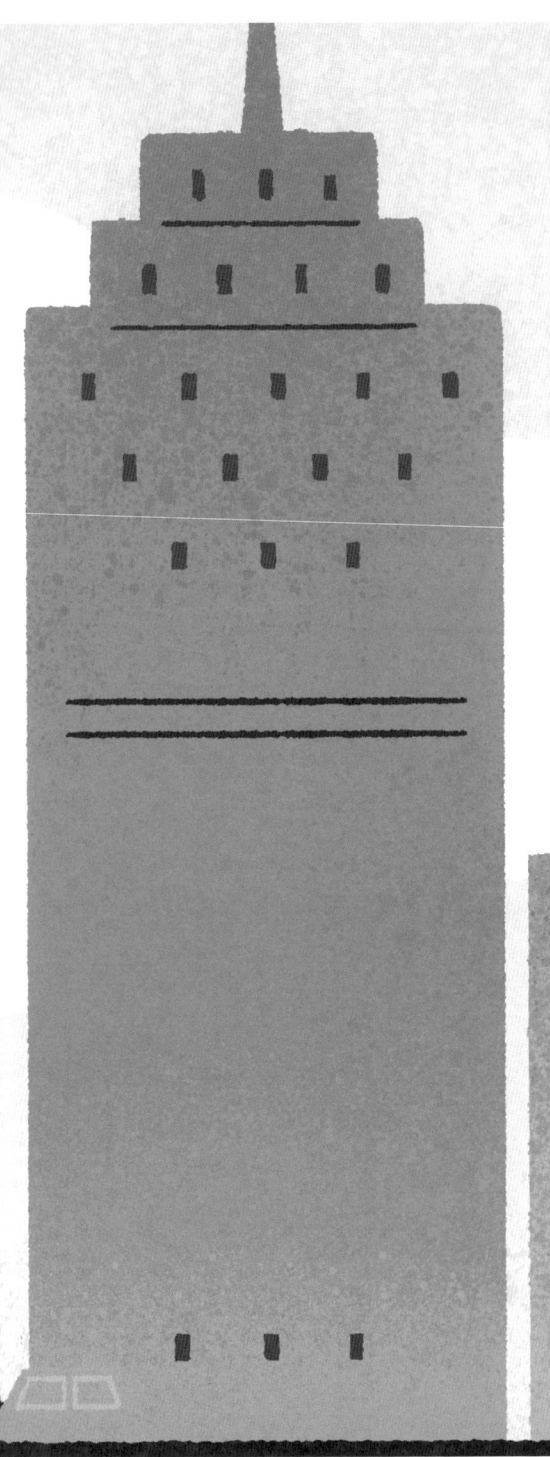

2부

요식업에 진출하다

1. 칼국수한마당 창업

학원을 접고 나서 무엇을 할지 고민했다.

내가 좋아하는 것, 하고 싶었던 것, 잘할 수 있는 것, 평생 함께할 수 있는 것을 고려해 하나하나 검토했다.

결론은 요식업, 아이템은 칼국수였다. 칼국수는 내가 좋아하는 메뉴였고, 생맥주 프랜차이즈 사업을 하면서 요식업이 적성에 맞는다는 것을 깨달았다. 칼국수는 단순히 저렴한 메뉴가 아니라, 노력 여하에 따라 대중적이면서도 전통음식으로 높은 평가를 받을 수 있는 프리미엄 메뉴로 발전할 가능성이 충분하다고 생각했다.

칼국수를 중심으로 한 면 요리와 전통메뉴를 개발하고, 단계적으로 직영점을 늘려 프랜차이즈화하는 중장기 사업 계획을 세웠다. 칼국수한마당이 나중에 HMR(가정간편식)로 발전하고, 더 나아가 RMR(레스토랑 간편식) 기반의 밀키트로 성장할 줄은 창업 초기에는 미처 생각하지 못했다.

관건은 '주변의 반대를 어떻게 설득할 것이냐'였다. 나는 주변을 그리 의식하는 스타일이 아니었지만, 이번에는 달랐다. 학원 사업을 접고 칼국숫집을 한다는 것이 가족들에게 쉽게 받아들여지지 않을 것은 자명했다. 외부의 시선으로 봤을 때도 요식업계, 특히 식당에 대한 일반인의 평가란 그리 좋지 않았다. 잘나갔던 예전의 꼬리표도 발목을 끈질기게 붙잡고 있었다. 한때는 서울대 출신 최연소 임원 타이틀과 함께 각종 언론사에 기사로 나가며 국민연금의 2인자라는 명성이 크게 남아 있는데, 그 자리에서 스스로 발걸음을 옮긴 사람의 결과가 사기를 크게 당한 뒤 호구지책으로 칼국숫집 사장으로 전락했다는 주변의 소리를 어떻게 이겨 나갈 수 있을 것인가에 관한 문제는 가족들을 계속해서 괴롭히는 과제 중 하나였다.

아내는 완강하게 반대하였다. 예상 못 했던 일은 아니었다. 그동안 한마디 불평 없이 헌신해 온 아내. 내가 다른 길을 선택하고 전주로 훌훌 떠났을 때에도 남은 가족들을 챙기며 자신의 역할에 최선을 다해 왔고, 내가 학원 사업을 접었을 때도 담담하게 대처하고 오히려 나를 위로해 준 아내였지만 남편이 사기를 당해 학원을 말아먹고 칼국숫집 사장으로 전락했다는 주변의 소리는 감당하기 힘들었을 것이다.

아내에게 사업에 대한 비전과 계획을 설명하고, 더 큰 사업으로 키우겠다는 포부를 전했다. 오랜 설득 끝에 아내는 결국 나와 함께하기로 동의했고, 이후로는 가장 믿음직한 사업 파트너가 되었다. 아내라는 믿음직한 동반자가 있었기에 험한 길을 헤쳐 올 수 있었다.

칼국숫집을 오픈하기 전, 철저한 준비가 필요했다. 창업 준비, 메뉴 개발, 마케팅 전략, 유통 등 다양한 자료를 검토하고 경험자들의 조언을 바탕으로 철저히 조사하며 계획을 세웠다.

다음으로는 주방장을 선발하는 일이 중요했다. 학원 사기 사건의 트라우마를 극복하기 위해서도, 주방장의 역할이 대단히 중요하기 때문에 신중한 선택이 필요했다. 몇 차례 인터뷰 끝에, 주방장 경력은 없지만 서로 마음이 잘 통하고 내 구상을 실현해 줄 사람을 찾았다. 그와 함께 11년간 칼국수한마당의 시작과 성장을 함께했다. 우리는 면 뽑기부터 육수 우려내기, 메뉴 개발까지 모든 것을 함께 공부하고 발전시켰다.

칼국수는 재료와 육수에 따라 바지락칼국수, 사골칼국수, 닭칼국수 등으로 나뉜다. 나는 유행보다는 기본기에 충실하고 싶었다. 전국의 유명한 칼국수 맛집을 찾아다니며 맛을 보고, 조리법을 공부하며 우리만의 칼국수 레시피를 완성했다.

탱글탱글한 생면과 감칠맛 나는 겉절이는 모든 메뉴의 기본이었다. 해물칼국수를 시작으로, 새알팥죽, 팥칼국수, 콩국수, 들깨칼국수, 매생이칼국수 등 메뉴를 점진적으로 늘렸다. 메뉴 개발의 기본 원칙은 국내산 재료만을 사용하고, 전통 제조 공법을 발전시키며, 건강을 중시한 저염·저당 제품을 만드는 것이었다. 팥, 콩, 들깨와 관련된 제품들은 걸쭉함을 특징으로 했다. 이 원칙은 오늘날 ㈜한마당이 제조, 판매하는 밀키트에도 동일하게 적용되고 있다.

칼국수한마당 앞에서 아내와 함께

뜨겁게 노력한 시간이 지나 드디어 오픈 첫날이 되었다. 그 감격을 잊을 수 없다. 여러 번의 실패 끝에 시작한 도전과 가족들의 걱정, 완강히 반대하던 아내의 얼굴들이 스쳐 지나갔다. 고객들이 맛의 차이를 알아볼까? 만족시킬 수 있을까? 만족한 고객들의 발걸음을 계속 붙잡을 수 있을까? 여러 생각들이 긴장감과 함께 얽히고설킨 동안에도 내 몸은 무수한 연습으로 단련된 기계처럼 열심히 칼국수 면을 준비하고 있었다.

제면실에서 열심히 면을 뽑고 있을 때였다. 아내가 달려와 소리쳤다. "만석!" 홀에 나와 보니 70평 정도의 큰 홀이 순식간에 손님들로 가득 차 있었다. 가득 채워진 홀을 확인했던 그 순간의 감격을 지금도 잊을 수 없다. 확신과 불안 사이에서 걱정했던 지난 준비 시간의 땀과 눈물이 보상받는 느낌이었다. 다양한 칼국수를 공부하며 기본기에 충실했던 내 방향이 맞았다는 생각이 들었다. 물론 맛에 있어서도 합격이었다.

칼국수한마당의 메뉴

2. 직영점을 늘려 나가다

칼국수한마당이 성공적으로 출범하고 맛집으로 소문이 나면서 분당과 용인 지역에 직영 매장을 점진적으로 늘려 나갔다. 본점인 용인민속촌점을 시작으로 용인터미널점, 용인동백점, 분당 구미점, 분당 미금점, 분당 야탑점, 분당 정자점, 분당 서현점까지 확장했다.

본점에서 면과 소스 등 핵심 식자재를 제조하여 직영점에 공급하고, 조리 레시피를 세세한 부분까지 표준화하여 각 매장의 주방에서 손쉽게 조리할 수 있도록 했다. 또한 매장에 키오스크를 설치해 고객이 직접 결제할 수 있도록 하여 인력을 최소화했다. 라보를 구입해 냉동탑차로 개조하여 직접 직영 매장에 면과 소스 등 핵심 식자재를 배송했다. 새벽 일찍 출근해 식자재를 탑차에 옮겨 싣고 각 매장에 직접 배송하면서 매장 직원들과 접촉하여 고충을 파악하고 고객의 반응과 요구를 직접 살필 수 있었다. 덕분에 몸이 늘씬해지는 부수적인 효과도 있었다. 직영 매장 운영 경험은 후에 프랜차이즈 사업 진출로 이어졌다.

3. 칼국수 가정간편식(HMR) 개발과 배달

지금은 흔한 일이지만, 내가 처음으로 칼국수 배달을 시작한다고 했을 때 주변의 반응은 "칼국수 배달을 어떻게 해? 불어 터질 텐데."였다.

짜장면과 피자 등을 배달해 왔는데, 칼국수가 배달이 안 될 이유가 없었다. 대신 완전히 조리된 상태로 배달하는 대신 반조리 상태로 배달해 가정이나 직장에서 간편하게 조리할 수 있도록 했다.

처음에는 포장 판매로 시작했다. 매장에서 맛있게 식사하신 고객들이 포장을 해 가는데, 거리가 먼 지역으로 가져가시거나 두고 나중에 드시려는 분들이 면이 불어 문제가 되었다. 이때 착안한 게 매장의 모든 메뉴를 완전조리가 아닌 반조리 형태로 포장하여 가정에서 간편하게 조리해 드실 수 있도록 한 것이다. 육수를 바글바글 끓인 다음에 면을 비롯한 재료를 냄비에 넣고 7분정도 삶으면 OK, "라면보다 쉬워요!"이다.

반조리 칼국수 포장

그렇다면 이것을 배달해 드리면 어떨까?

칼국수를 배달해서 먹는 건 생각지도 못했던 시절이었다. 비가 오거나 날씨가 궂어 밖에 나가기 싫을 때, 집에서 편하게 먹을 수 있도록 반조리 형태로 포장해 배달까지 해 주는 아이디어는 참신했고, 고객들 사이에서 큰 호응을 얻기 시작했다.

고객이 매장에 오기를 기다리지 말고 직접 찾아가자는 취지로 시작된 이 서비스는 처음 1년 동안 외부 라이더를 쓰지 않고, 배달비도 따로 받지 않은 채 분당과 용인 수지 지역을 대상으로 진행됐다. 당시에는 배민1이나 쿠팡이츠 같은 배달 대행 서비스가 없어서, 주문을 받으면 각 매장에서 직접 배달을 해야 했다. 다마스를 구입해 특이하게 래핑한 다음 직접 배달을 다녔다.

홍보 문구를 래핑한 배달용 다마스와 라보 차량

나의 손과 발이 되어 분당 수지 지역을 함께 돌던 다마스 차량. 꼬마들에게 인기가 많았다.

배달 서비스 홍보 포스터

배달 서비스는 기대 이상으로 반응이 좋아 점차 이용하는 고객이 늘었고, 입소문을 타기 시작해 하루에 배달로만 100만 원 이상의 매출을 올리는 날도 많았다. 너무 많은 곳을 한 번에 다니다 보니 화장실 갈 시간도 없었고, 분당 지역은 속속들이 알게 됐다. 배달을 다니면서 몸무게도 빠지고 건강도 좋아져 일석이조였다(배가 나온 요즘 가끔 아내가 다시 배달해야겠다고 농담을 하곤 한다). 요식업계의 대재앙이었던 코로나 시기에 피해를 줄일 수 있었던 것도 배달 서비스 덕분이었다. 혹자는 창피하게 어떻게 배달을 다니냐, 아는 사람을 만나면 어떻게 할 거냐고 말하기도 했다. 그러나 나는 내가 하는 일에 항상 자부심을 느꼈고, 창피하다는 생각을 해 본 적이 없다. 오히려 명함까지 돌리며 적극적으로 임했다.

이 서비스는 매출을 늘리고 가게를 홍보하는 데 그치지 않았다. 훗날 밀키트 사업으로 확장하는 데 결정적인 역할을 했다. 분당 지역을 대상으로 시작한 이 배달 서비스는 택배를 이용해 전국적으로 확대되면서 ㈜한마당을 출범하는 데 큰 기여를 했다.

4. 에피소드 두 가지

칼국수한마당을 운영하면서 기억에 남는 일이 많다.

그중 하나는 용인 죽전 지역에 사시는 고객님의 이야기다. 당시에는 내가 직접 배달을 하던 때였다. 그분은 일주일에 2~3번 정도 해물만두칼국수만 주문하셨고, 배달을 갈 때마다 연로하신 여성분이 직접 나오셔서 정중하게 음식을 받아 주고 감사의 말씀을 전하곤 했다. 그런데 한동안 주문이 끊겼다가 한참 후에 오랜만에 주문이 들어와 배달을 갔을 때, 그분이 이렇게 말씀하셨다.

"사장님, 우리 남편이 돌아가셨어요. 말기암이라 아무것도 못 드셨는데, 사장님네 해물만두칼국수는 너무 맛있다고 돌아가실 때까지 그것만 드셨어요. 얼마나 좋았는지 몰라요. 고맙습니다. 오늘은 자식들이 모두 모여 아버지를 추모하면서 주문했어요."

그 말을 듣고 가슴이 먹먹해졌다. 우리 음식이 고인과 가족에게 조금이나마 위안이 되었다니 고마운 마음이었다.

또 다른 일화는, 어느 날 30대로 보이는 젊은 여성분이 식사를 마치고 나를 찾아와 카운터에서 말했다. "사장님, 이 집 칼국수가 너무 맛있어서 우리 아이와 자주 오는데, 죄송하지만 잠깐 시간 좀 내 주실 수 있나요? 우리 아이가 장래 희망 직업을 가진 분과 인터뷰를 해서 제출하는 숙제가 있어서요." 흔쾌히 수락하고, 셰프의 일, 좋은 점과 힘든 점, 그리고 셰프가 되기 위해 필요한 공부에 대해 이야기해 줬다. 며칠 뒤, 초코파이와 함께 감사의 손 편지가 도착했다. 어린이의 진심이 담긴 편지를 읽으며, 내 일이 누군가에게는 꿈과 미래가 될 수 있다는 생각에 가슴이 뭉클해졌다.

어린이가 전해 준 감사의 손 편지

5. 프랜차이즈업 진출과 실패

발로 뛰는 열정이 고객 만족으로 이어지면서, 우리 제품을 널리 알리고 소통하고 싶다는 열망이 커졌다. 특히, 밑바닥에서 시작해 칼국수한마당을 창업하고 직영점을 운영하며 얻은 노하우를 창업을 준비하는 사람들과 나누고 싶었다. 그 당시 유튜브의 위력은 대단했고, 나는 촬영과 편집을 하나하나 배워 가며 '칼미남'이라는 닉네임으로 유튜브를 시작했다. 콘텐츠는 칼국수 메뉴 소개와 창업 노하우 전달이었는데, 점차 구독자가 늘어나면서 칼국수 전문점을 운영하고자 하는 사람들로부터 연락이 오기 시작했다.

어느 날, 칼국수한마당을 운영해 보고 싶다는 부부가 찾아왔고, 이 만남이 프랜차이즈 출범의 계기가 되었다. 그들은 신규 매장을 원하기보다는 매출이 검증된 용인 본점을 원했는데, 최초 매장이라는 상징성 때문에 쉽지 않은 결정이었다. 고민 끝에 프랜차이즈 출범을 위해 본점을 넘겨주고, 우리는 본점을 분당으로 이전했다. 이 일을 계기로 칼국수한마당 프랜차이즈 사업을 본격적으로 시작했다. 이미 예전에 생맥주 전문점 프랜차이즈 사업을 운영해 본 경험이 있고, 직영점 운영 경험을 바탕으로 차별화된 메뉴와 레시피로 효율적인 매장을 만들기 위한 준비를 해 왔기 때문에 프랜차이즈를 어렵지 않게 출범시

킬 수 있었다.

 칼국수한마당의 프랜차이즈 콘셉트는 은퇴 후 부부가 함께 운영할 수 있는 15평 규모의 생계형 매장이었다. 프랜차이즈의 성공 여부는 본사와 가맹점이 서로 윈윈할 수 있는지에 달려 있다. 우리는 가맹점주의 부담을 줄이기 위해 로열티를 받지 않았고, 초기 가맹비와 인테리어비를 최소화했다. 칼국수한마당만이 보유한 핵심 식자재 외에는 쉽게 구할 수 있는 야채와 공산품 등은 직접 구입할 수 있도록 했고 원하는 경우에 인테리어 시공을 직접 할 수 있도록 했다. 이러한 콘셉트가 적중해 전국적으로 서울, 용인, 김천, 김해, 전주, 대전, 광주 등 각지에 프랜차이즈 매장이 늘어났다.

 하지만 프랜차이즈 매장이 하나둘 늘어 가던 중 예상치 못한 일이 발생했다. 인천에서 칼국수한마당 프랜차이즈점을 하겠다는 사람이 자금 여력이 부족해 중고 비품을 요청해서 도와주기로 했는데, 오픈 며칠 전 그가 중고 비품을 요청한 적이 없다고 하면서 새 비품으로 바꿔 주지 않으면 계약을 취소하겠다고 했다. 결국 법정까지 가게 되었고, 1년여의 소송 끝에 승소했다. 이 일을 계기로 프랜차이즈 사업에 대한 회의가 들었고, 코로나 사태로 요식업계 전반에 폐업이 이어지면서 운영이 어려워진 점주들을 보는 것도 힘들었다. 그때 ㈜한마당의 밀키트 사업이 호조를 보이면서 프랜차이즈 사업을 중단하고 선택과 집중 차원에서 밀키트 사업에 주력했다.

 지금은 프랜차이즈 대신, 칼국수 전문점이나 메인 메뉴 외에 사이드로 콩국수나 팥죽 등을 추가하고 싶어 하는 식당 사장님들께 ㈜한마당에서 핵심 식자재를 공급하고 있다. 프랜차이즈는 가입 시 가맹비,

교육비, 인테리어비, 식자재 공급비 등을 지불해야 하지만, 여기서는 맛집으로 소문난 칼국수한마당의 핵심 식자재만을 선택적으로 받아 볼 수 있는 구조여서 비용이 적게 들어 식당 사장님들께 인기가 많다.

6. 칼국수한마당의 메뉴들

2013년 1월에 오픈하여 12년째 운영 중인 칼국수한마당(대표: 한승양, 경기도 성남시 분당구 구미동 123-4. 031-717-5300)은 인기 메뉴를 밀키트로 제조·판매하는 ㈜한마당(대표이사: 한승양)의 모태가 되었다. 최고의 칼국수를 만들겠다는 각오로 한승양 대표가 직접 개발한 메뉴들은 매장에서 판매될 뿐 아니라, 반조리 형태로 포장 및 배달(배민1, 쿠팡이츠, 요기요를 통한 주문 가능)도 가능하다. 또한, 네이버 스마트스토어(smart-store.naver.com/patjuk)를 비롯한 여러 온라인 사이트에서 주문할 수 있다.

칼국수한마당 전경

1) 해물류(해물칼국수, 해물만두칼국수, 해물수제비, 메밀면 해물칼국수)

칼국수한마당의 대표 메뉴인 해물칼국수이다.

바지락과 다시마, 콩나물 등을 넣어 1시간 정도 푸~욱 끓인 진한 육수에 주꾸미, 새우, 꽃게, 만디기, 홍합 등 해물과 함께 대파, 양파, 감자 등 신선한 야채와 자가생면으로 구성되어 있다.

고객이 인덕션 테이블에서 즉석으로 끓여 드실 수 있도록 되어 있어 매장에서 최고 인기 메뉴이다. 처음에는 밀키트 제품으로도 출시되어 인기를 누렸으나 아무래도 해물이 많이 들어가다 보니 여름철에 해물이 손상될 가능성이 있는 등 해결해야 할 문제가 있어 아쉽게도 제외시켰다.

만두가 추가된 해물만두칼국수, 자가생면 대신 손수제비가 들어가는 해물수제비, 밀가루면 대신에, 글루텐이 전혀 없는 100% 메밀숙면이 들어가는 메밀면 해물칼국수가 있다.

2) 팥류(새알팥죽, 팥칼국수, 메밀면 팥칼국수, 팥물)

국내산 팥을 엄선하여 푸~욱 삶고 맷돌로 곱게 간 팥물과 찹쌀과 멥쌀을 황금비율로 섞어 익반죽하여 직접 빚은 새알심으로 된 전라도식 팥죽이다.

매장에서의 인기를 발판으로 밀키트로 처음으로 제조한 메뉴로서 팔도감 온라인 사이트에서 폭풍 인기를 누리면서 리뷰가 10,000개 이상 올라오고 별점 4.8/5.0에 이르는 ㈜한마당의 대표 메뉴가 되었다.

작년 말 TV홈쇼핑에서 처음 등장해 방송이 끝나기도 전에 완판을 기록한 바로 그 히트 상품이기도 하다.

새알심 대신 자가생면이 들어간 팥칼국수와, 밀가루면 대신에 글루텐이 전혀 없는 100% 메밀숙면이 들어가는 메밀면 팥칼국수가 있다.

3) 들깨류(들깨칼국수, 들깨수제비, 들깨감자옹심이, 메밀면 들깨칼국수)

진한 바지락 육수에 걸쭉하고 고소한 들깨가 가득하여 맛과 영양이 뛰어나 인기가 최고이다.

자가생면이 들어가는 들깨칼국수, 손수제비가 들어가는 들깨수제비, 감자옹심이가 들어가는 들깨감자옹심이가 있으며 밀가루면 대신에 글루텐이 전혀 없는 100% 메밀숙면이 들어가는 메밀면 들깨칼국수가 있다.

4) 매생이류(매생이칼국수, 메밀면 매생이칼국수)

진한 바지락 육수에 완도산 매생이와 굴이 듬뿍, 자가생면의 매생이 칼국수와 밀가루 면 대신에 글루텐이 전혀 없는 100% 메밀숙면이 들어가는 메밀면 매생이칼국수가 있다.

5) 콩류(파주장단콩 콩국수, 메밀면 파주장단콩 콩국수, 콩물)

국내 최고의 무공해 파주장단콩만을 푸~욱 삶고 맷돌로 곱게 갈아 만든 원액 수준의 걸쭉한 콩물에 자가생면이 들어간 파주장단콩 콩국수, 밀가루면 대신 글루텐이 전혀 없는 100% 메밀숙면이 들어가는, 글루텐이 전혀 없는 메밀면 파주장단콩 콩국수 등이 있다

6) 메밀류(들기름막국수, 비빔막국수, 동치미물막국수)

밀가루와 글루텐이 전혀 없이 직접 뽑은 쫄깃한 식감의 100% 메밀 숙면으로 만든 인기 메뉴다.

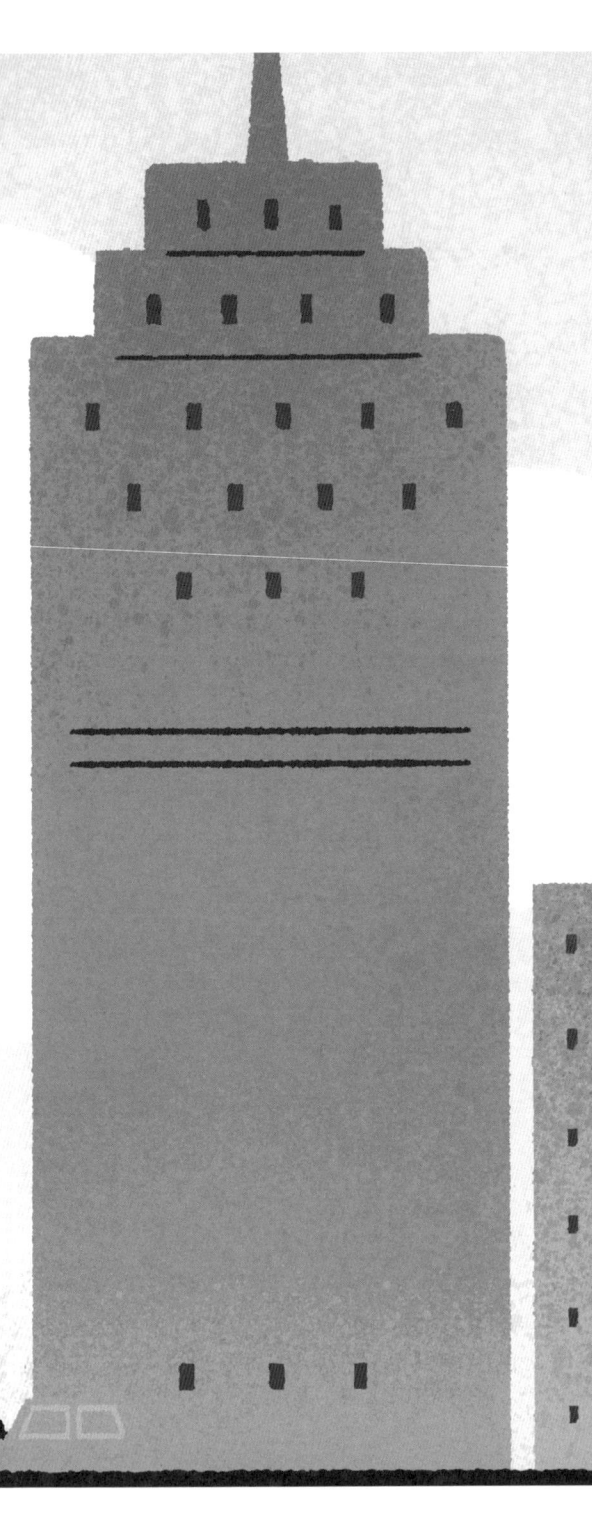

(3부)

60세에 회사를 세우다

나는 나이 60에 분당 구미동에 있는 칼국수한마당의 조그마한 지하방에서 ㈜한마당이라는 식품제조업체를 설립하며 새로운 도전을 시작했고, 오늘에 이르게 되었다. 그동안의 성장 과정을 주요 이슈별로 정리해 보았다.

1. 상표 등록

사업을 시작할 때 가장 우선적으로 고려해야 할 부분은 상표 등록이다. 판매하고자 하는 제품의 상표가 이미 등록되어 있는 경우, 무단 사용으로 인해 법적인 조치가 들어올 수 있다. 또한, 우리 제품이 상표 등록되지 않으면 성공했을 때 유사한 상표를 사용한 짝퉁 제품이 범람할 가능성이 있어 상표 등록은 필수다. 상표를 출원해 등록을 마치기까지는 보통 6~8개월 정도 소요되므로 미리 준비하는 것이 중요하다. 상표는 온라인으로도 등록이 가능하며, 상표 정보 검색사이트인 키프리스(www.kipris.or.kr)를 통해 원하는 상표가 등록되어 있는지 확인하고, 특허청 홈페이지(www.patent.go.kr)를 통해 등록할 수 있다.

우리의 경우 '오동리팥죽'과 '칼국수한마당'이라는 두 개의 상표를 등록하였고, 또 하나의 상표를 출원 중이다. ㈜한마당 설립 이전에 대전 특허청과 서울 역삼동 특허청 사무소를 오가며 개인 명의로(나중에 법인에 양도) 상표를 출원했는데, 오동리팥죽은 상표 등록에 큰 어려움이 없었던 반면, 칼국수한마당은 '국수한마당'이라는 상표가 이미 등록되어 있어 상표 기한이 만료될 때까지 기다렸다가 소유자가 포기한 다음에야 등록이 가능했다. 이 과정은 2년 넘게 걸렸고, 시간과의 싸움이었다.

(좌) 오동리팥죽 상표등록증 (우) 칼국수한마당 상표등록증

2. 식당 메뉴를 밀키트로

초기에는 밀키트가 간단히 한 끼를 때우는 저가 간편식으로 인식되었으나, 요즘은 유명 맛집이나 셰프의 요리를 밀키트로 제공하는 RMR(Restaurant Meal Replacement) 제품이 인기를 끌고 있다. 이로 인해 가격이 다소 높아도 맛과 품질이 좋으면 소비자들이 용인하는 추세다.

음식점에서 직접 조리하여 제공하는 것과 밀키트로 만들어 고객이 직접 조리하도록 하는 것은 다르다. 맛의 변화와 포장, 보관, 유통 문제 등을 고려하여 포장지 선택, 포장 방법, 택배 방법 등을 철저히 준비해야 한다. 우리도 칼국수한마당의 모든 제품을 밀키트화하여 제조·판매하였으나 대표 제품인 해물칼국수 등 해물류는 유통 과정에서 훼손 문제가 있을 수 있어 제외하였다.

필요한 행정 절차로는 공인검사기관의 자가품질검사와 영양성분검사(필요시)를 받아야 하며, 식품안전나라(www.foodsafetykore.go.kr)와 시청 위생과를 통해 품목제조보고서를 취득해야 한다. 특히 소비기한 설정이 중요한데, 식품안전나라를 통해 동일한 식품유형 중 유사한 타사 제품의 소비기한을 참조하면 된다. 또한 HACCP 인증 취득은 한국식품안전관리인증원에 문의하고, 필요시 코리안넷사이트(www.koreannet.or.kr)에서 바코드를 생성해야 한다.

# 3. 공장 계약

식품제조와 관련해 식품제조가공업과 즉석판매제조가공업이 있다. 전자는 설립 요건이 까다로운 정식 공장이며, 후자는 식당 주방에 최소 요건만 갖춘 간이 공장으로 식당의 인기 메뉴를 밀키트로 만들어 온라인으로 판매할 수 있으며, 구청에 영업 신고를 하면 된다. 식품제조업 등록을 위해 건축물대장 용도를 확인하고 오수 직관 등 기본 시설을 갖추어야 한다. 공장을 선택할 때는 중장기 계획에 따라 제조 시설과 부대시설의 규모, 대형 차량의 진출입 가능성 등을 고려해야 한다.

우리도 즉석판매제조가공업으로 시작해, 칼국수한마당 본점 지하에서 직영점과 프랜차이즈 체인점에 면, 소스 등을 공급하며 밀키트 제조를 시작했다. 이후 용인에 공장을 임차해 식품제조가공업으로 전환했고, 매년 50% 이상 성장하며 3년 6개월 만에 두 배 규모의 자가 공장으로 확장 이전했다.

4. 인증 취득(HACCP 인증, 전통식품품질 인증 등)

HACCP 인증은 식품제조업에 필수로, 식품의 원료 관리, 제조·가공·포장·보관·유통·판매 과정에서 위해 물질이 섞이거나 오염되는 것을 방지하는 기준이다. 정부 기관인 한국식품안전관리인증원이 소비자에게 식품 안전성을 인증해 주는 것으로, 고객들이 제품을 선택할 때 중요한 기준이 된다.

우리도 공장을 용인으로 이전하여 식품제조가공업으로 등록한 후 가장 먼저 한 일이 HACCP 인증을 취득하는 것이었다. 제품의 안전성에 대한 소비자의 신뢰를 확보하기 위해서였다. 의무품목이 아닌 팥죽도 HACCP 인증을 받아 고객 신뢰를 확보했다.

인증 준비 과정은 복잡하고 많은 페이퍼 작업이 필요하지만, 컨설팅 업체의 도움 없이 공장장과 함께 단계별로 준비했다. 어려움 끝에 두류가공품, 곡류가공품, 생면, 숙면, 즉석조리식품의 HACCP 인증을 취득했다. 이 과정이 오늘날 우리 제품이 프리미엄 밀키트로 자리 잡는 데 크게 기여했다고 생각한다.

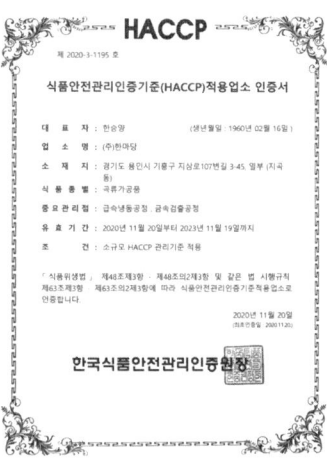
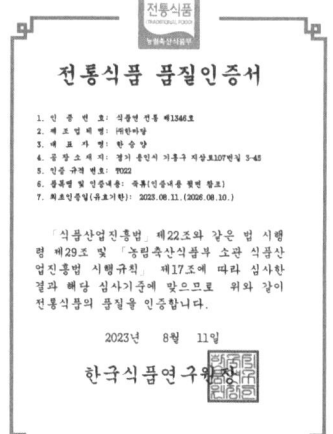
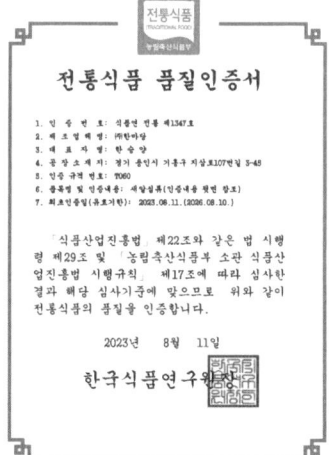

취득한 인증서들

2023년에 우리는 전통식품품질 인증을 취득했다. 이 제도는 국내산 농수산물을 주원료로 사용하여 전통 방식으로 제조된 식품의 품질을 정부가 보증하는 제도다.

우리의 대표 상품인 새알팥죽은 팥, 찹쌀, 멥쌀 등 모든 원재료를 국내산만 사용하여 전통 공법으로 만든다. 따라서 전통식품으로서 품질이 공신력 있게 인정되면 마케팅에 큰 도움이 될 것이라 생각해 한국식품연구원에 신청했다.

그러나 예상치 못한 난관이 있었다. 인증 주관 담당자가 전통 팥죽에는 설탕이 들어가지 않는데 우리 제품에는 0.6% 함유되어 있고, 포장이 개별로 되어 있어 전통식품품질 인증에 적합하지 않다고 했다.

"옛날에는 설탕이 있었겠습니까? 그리고 밀키트가 대세인 현재, 이런 해석은 시대에 뒤떨어지는 것이 아닐까요?"라고 수차례 설명하고 납득시키는 과정이 필요했다. 결국, 관련 기관은 내부 회의와 고증을 거쳐 한 고문헌에서 팥죽에 설탕과 유사한 물질을 넣었다는 내용을 발견했고, 팥물과 새알심에 각각 인증을 줄 수 있다는 해석을 통해 서류 심사를 통과할 수 있었다.

서류 심사를 통과한 후에는 현장 실사가 이어졌다. 박사급의 엄격한 심사원 두 분이 공장을 방문해 8시간 동안 제조 공정을 철저히 분석했다. 한 달 후, 우리는 팥물과 새알심 두 가지 제품에 대해 전통식품품질 인증을 취득했다.

이 과정은 쉽지 않았지만, 이를 통해 후에 FDA 인증과 FSSC 22000 인증을 취득할 수 있었다. 올해는 정부지원사업의 도움을 받아 이슬람권을 대상으로 한 할랄 인증에도 도전할 계획이다.

5. 벤처기업과 Bootstrapping

창업기업이라면 벤처기업 인증은 꼭 취득하기를 권한다. 벤처기업 인증은 새로운 아이디어와 기술, 진취적인 기업가정신을 바탕으로 사업에 도전하는 모험적인 기업과 성장 가능성이 큰 중소기업을 심사를 통해 선별하여 부여하는 제도로서 정부로부터 세제, 금융 등 여러 가지 지원을 받을 수 있다. 흔히 IT, 바이오 등 첨단기업 스타트업만 해당하는 것으로 생각할 수 있으나 소정의 요건만 갖추게 되면 업종에 관계없이 받을 수 있다. 우리 회사의 경우 연구개발전담부서를 설립하고 기술보증기금이 요구하는 조건 등을 충족시킴으로써 식품기업으로서는 흔치 않게 벤처기업 인증을 취득하였고 법인세 경감과 자가공장을 매입할 때 내야 하는 취득세를 감면받는 등 세제혜택과 더불어 각종 정부지원사업의 심사과정에서 가점을 받을 수 있었다.

(좌) FSSC 22000 인증서 (우) 벤처기업확인서

우리 회사는 Bootstrapping('구두끈을 조여 매는…'이라는 의미에서 비롯됨)에 해당된다고 볼 수 있다. 이는 경영학에서 최근 중요시하는 창업전략으로 자금을 외부 투자 없이 자체적으로 조달하여 회사를 일으키고 성장시키는 전략으로서 엔젤투자자나 벤처캐피탈(VC)로부터 투자를 유치하여 회사를 설립하고 운영하는 스타트업(신생회사)들의 방식과는 결을 달리한다. 외부 투자자로부터 자금을 유치할 때 발생할 수 있는 의존성이나 경영권 분쟁의 위험을 줄이면서 창업자의 비전과 방향성을 훼손하지 않고 사업을 경영하는 방식이다.

부트스트래핑 전략의 핵심은 비용절감과 현금흐름 관리의 두 가지로 요약할 수 있다. 즉 창업자가 초기부터 생고생하면서 홀로 길고 험

난한 길을 개척해 나가는 방식이다. 부트스트래핑에도 한계는 존재한다. 성장속도가 제한적일 수 있으며, 경쟁사들과의 경쟁에서 자금력 차이로 인한 어려움을 겪을 수 있다. 그렇기 때문에 부트스트래핑을 추진하는 스타트업은 시장 내에서 특화된 틈새시장을 발굴하거나 독창적인 기술개발로 차별화를 도모해야 한다. 이는 고객에게 더욱 강력한 가치를 전달하고 신뢰를 쌓아 나가는 브랜딩 전략과도 궤를 같이하며 장기적으로는 사업확장에도 도움이 된다.

이제 5년 차에 접어드는 우리 회사는 산전수전 다 겪으면서 12년 동안 운영해 온 칼국수한마당을 모태로 시작하였다. 천성적으로 남의 간섭 받기를 싫어하는 나로서는 우리 회사의 차별화된 정체성을 유지해야 한다는 일념과 비용절감을 위하여 일당백의 각오로 홀로 몸으로 때워 가면서 오늘날까지 잘 버텨 왔다. 정부지원사업을 적절하게 활용하였고 올해를 퀀텀점프의 해로 삼아 공정혁신과 자동화 설비의 도입을 추진 중이다.

6. 정부지원사업을 적극 활용하라

　사업을 시작하게 되면 자금, 정보 등에 있어서 여러 가지 어려움에 봉착하게 된다. 이때 도움을 받을 수 있는 것이 정부지원사업이다.
　정부는 소상공인, 중소기업을 대상으로 중소벤처기업부, 농림축산식품부등을 통해 자금, 컨설팅, 교육 등에서 많은 지원을 행하고 있다. 우리나라의 중소기업지원정책은 국제적으로 규모나 다양성에 있어서 세계적이다. 정부지원사업은 필요한 자금(운전자금, 시설자금)을 유리한 조건에 대출해 주는 사업과 무상으로 사업의 상당 부분을 지원해 주는 사업이 있다(이 경우 일정 부분은 자체부담을 해야 한다). 지원을 최대한 받을 수 있도록 적극 노력해야 하는 것뿐만 아니라, 회사의 장기비전과 목표를 세울 때 정부지원사업의 방향과 같이하는 것이 중요하다.
　물론 정부지원사업을 아무 기업이나 지원받을 수 있는 건 아니다. 갈수록 경쟁도 치열해지고 있다. 다만 미리 준비하는 자만이 자격을 얻을 수 있다. 기본적으로 제조업체, 수출업체, 지방소재기업, 청년창업자(만 39세 미만), 여성창업자들에게 정부지원사업의 가점이 부여되며 선정을 위한 사전 준비 작업을 철저히 해야 한다. 특히 연말·연초에는 정부지원정책이 집중적으로 쏟아져 나오는 시기다. 한 해에 필요한 사업을 구상해 보면서 우리에게 필요한 것이 무엇인지, 그것이 시설자금이거나 운전자금, 아니면 특정 프로젝트인지 잘 살펴보고 이에 맞게 준비해야 한다. 회사의 재무제표를 건전하게 유지함으로써 사업의 기본 구조가 튼튼함을 강조할 수 있어야 하며 디지털혁신 등의 시대의 주요 흐름에 맞는 사업모델을 구성할 수 있어야 한다. 불황이라고 다들 어려워하는 때일수록 정부지원사업을 통해 하나하나 내실을 다지면서 앞으로 또 다가올 활황에 대비하는 것이 소기업을 운영하는 경영자들에게는 중요하지 않을까 생각한다.

우리 회사는 2023년에 처음으로 정부지원을 신청했었고, 몇 가지 분야에서 정부지원사업자로 선정되면서 회사 성장에 큰 도움을 받았다.

2023년에 선정된 정부지원사업 몇 가지만 정리하자면 TV홈쇼핑, 스마트공방, HACCP 전산화, ERP 등 운영시스템의 클라우드 구축, 홍보 동영상, 카탈로그, 홈페이지 제작, FSSC 22000 등의 인증까지…. 2023년은 정부지원사업을 통해 회사의 인프라를 구축한 한 해였다고 해도 과언이 아니었다. 2024년도에는 중소벤처진흥공단을 통해 공장매입자금을 장기저리로 대출을 받았으며 TV홈쇼핑 지원과 푸드테크사업을 통한 시설자금 지원을 받았다

7. 수출 시작: 미국시장으로 나아가다

국내에서 제조업을 하는 분들이라면 우리가 만든 제품이 국내뿐만 아니라 해외에서도 널리 인정받기를 소망할 것이다. 나 역시 마찬가지였다. 국내산 재료로 만든 우리의 밀키트 제품이 해외고객으로부터 사랑을 받아 수출도 많이 하고 나아가 K-Food의 우수성을 알렸으면 좋겠다는 생각이 들었다. 어려서부터 수출보국의 교육을 받은 세대이기 때문에 이런 바람은 더욱 간절했을 것이다.

오동리팥죽이 매장에서, 온라인에서 호평을 받기 시작하면서 자신감이 생겨났고 그 목표를 구체화하기 시작했다. 먼저, 새알팥죽은 대한민국 전통메뉴이기 때문에 처음부터 외국인을 대상으로 하기보다는 먼저 해외교포들을 대상으로 하고 반응을 보아 가면서 그다음에 공략하자는 전략을 세우고 수출의 기회를 엿보았다.

2022년 5월쯤의 일이다. 한 경제신문에 울타리몰과 관련한 기사가 게재되었다. 전주의 명물인 비빔밥을 응용해 전주의 관광상품으로도 사랑받는 '전주비빔빵'이 울타리몰USA(한국인이 운영하는 미국의 온라인 쇼핑몰로 미국 내에서 한국식품과 제품을 구매할 수 있어 현지교민뿐 아니라 현지인들에게 사랑받는 온라인 쇼핑몰)를 통해 수출되어 재미교포 들로부터 큰 호응을 받고 있다는 기사를 접하게 되었다. 기사를 보며 무릎을 탁 쳤다.

'전통음식을 개발해 만든 전주비빔빵도 수출이 되는구나!' 그리고 그것을 중개하고 실행을 돕는 마켓이 이미 있었던 것이었다. 2022년 초부터 우리 회사 제품도 수출을 해야겠다는 생각을 하면서 미국에 거주하는 친구를 통해 한국 음식 수출입을 전문으로 하는 A기업을 추천 받았었다. 인터넷을 뒤져 전화번호를 알아내고 담당자와 통화해 겨우 시간을 얻어 샘플을 가지고 찾아갔지만 30여 분의 미팅 끝에 내린 결론은 "현 단계에서는 어렵겠구나…."였다. 제품에 대한 평가보다는 수출과 관련한 절차가 생각보다 복잡하고 어려워서 모든 절차를 나 혼자 준비하기에는 많이 버거워 보였다. 그래서 일단 작전상 후퇴를 했었는데 한국 식품을 미국에 판매하는 울타리몰이라는 온라인 푸드마켓에 대한 정보를 접하게 되어 정말 반가운 마음이 가득했다. 우리가 처음 타깃으로 정했던 재미교포들을 주 고객으로 하여 온라인을 통해 한국 제품을 수출하는 곳이었고, 우리가 걱정했던 배송문제(냉동 제품인 우리 제품은 익일 배송이어야 한다)도 익일 배송이 가능하다는 것을 알면서 우리 제품을 유통하기에 적합한 곳이라는 판단이 들었다. 수출절차도 정형화되어 있어 나 혼자 충분히 가능할 것 같았다. 우선 수출대상을 우리 대표 상품인 오동리 새알팥죽으로 정했다.

기사를 보자마자 나는 인터넷을 뒤져서 울타리몰 전화번호를 찾았다 울타리몰 한국 지사로 전화를 걸어 담당 바이어에게 우리 오동리 새알팥죽에 대해 설명하고 미팅을 잡았다. 샘플을 가지고 직접 찾아가 상담을 하고, 우리 회사의 비전과 제품의 우수성을 여러 번 설득하고 시연해 주었다. 오랜 과정을 거쳐 거래조건에 합의를 하고 드디어 2022년 8월에 첫 수출이 이루어졌다. 수출 준비를 시작한지 3개월도 안 된 시점이었다. 맨 처음 수출물량을 대형 냉동탑차에 실려 보내는 그 순간의 설렘은 지금도 잊히지 않는다. 내가 만든 제품이 태평양을 건너서 미국에 있는 고객들의 식탁에도 오르게 된다는 것은 생각만 해도 벅찬 경험이었다.

오동리 새알팥죽 미국 수출 기념사진

미국으로 첫 수출 이후, 미국 내 반응이 좋았는지 2022년 12월 어느 날, 울타리몰USA 대표님께서 한국 지사장님과 함께 직접 칼국수한마당 매장을 방문하셨다. 우리 제품 몇 가지를 맛보고 흡족한 표정을 지으면서 미국 총판계약 제안과 미국 수출제품은 국내산 원재료로 만든 제품으로 하셨으면 좋겠다는 의견을 내놓으셨다. 나도 같은 생각이라고 말씀드리면서 이후의 일정은 일사천리로 이루어졌다. 그렇게 2023년 2월 미국총판계약을 체결하였고 수출 품목을 '오동리 새알팥죽' 외에 '프리미엄 팥칼국수', '들기름막국수', '파주장단콩 콩국수'로 다변화하였다.

8. 건강을 중시한 신메뉴 개발

　식품산업의 최근 트렌드는 단연 건강 중시다.
　노인인구의 증가, 성인병 문제, 다이어트 등으로 소비자들은 건강에 각별히 신경을 쓰고 있다. 당뇨 등으로 밀가루 음식을 못 드시거나, 다이어트 때문에 피하는 분들이 많다. 이들을 위해 개발한 것이 100% 메밀숙면이다. 우리 메밀면은 밀가루와 첨가물을 전혀 사용하지 않고 메밀과 물, 소금만을 사용해 만들며, 글루텐이 없어 소화가 잘된다. 메밀면의 단점인 식감과 끊어짐 문제도 해결하여 끊어지지 않고 쫄깃한 식감의 메밀면을 제공하며, 100도가 넘는 온도로 푹 삶아 내는 숙면으로서 일반 건면보다 맛이 훨씬 뛰어나다. 개발한 메밀면은 다양한 칼국수 메뉴에서 선택 가능토록 하였다. 콩국수, 해물칼국수, 팥칼국수, 들깨칼국수, 매생이칼국수에 밀가루면 대신 메밀면을 옵션으로 선택할 수 있도록 하였으며 여름 메뉴로 들기름막국수, 비빔막국수, 동치미물막국수도 새로 개발하였다. 밀키트 제품은 국내산 메밀만을 사용한다.

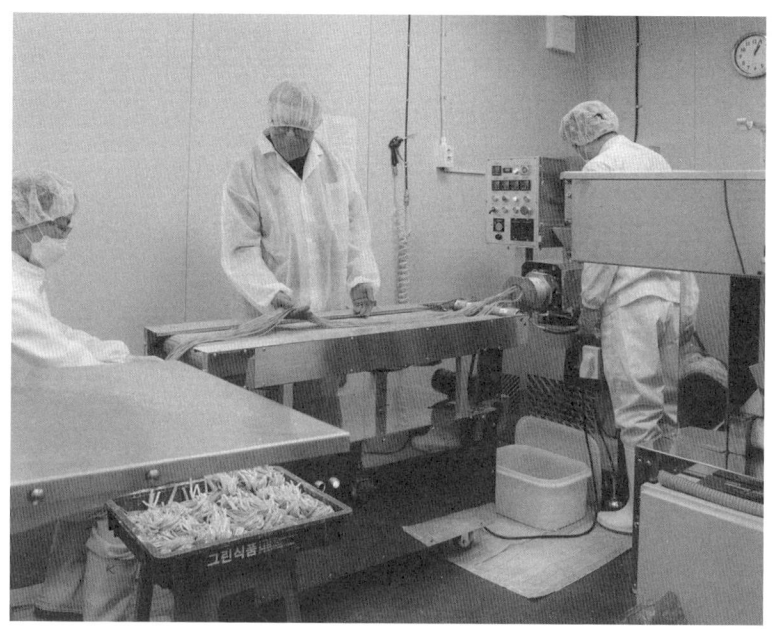

메밀면 제조 과정

또한 2023년도 8월에는 전라남도 무안까지 찾아가 한국농업기술진흥원과 〈황산화활성이 우수한 볶음팥 추출물과 이를 유효성분으로 하는 기능성 제품〉에 대한 국유특허권을 사용할 수 있는 계약을 체결하여 이를 기반으로 무당, 무염, 황산화 UP의 건강한 팥물을 출시하여 소비자들로부터 좋은 반응을 받고 있다. 2024년도에는 무설탕 파주 장단콩 콩국물을 출시할 예정이다.

팥물에 대한 기술이전 확인서

(좌) 메밀면 (우) 건강한 팥물

9. 사업은 장사하고는 다르더라

    장사와 사업은 여러 가지 측면에서 다르다. 노동의 주체라는 측면에서 볼 때는 장사는 주로 본인의 노동력이 동원되며, 매출보다는 가져가야 하는 수익(매출-비용)이 우선시되어 비용절감이 중요한 키워드로 적용된다. 반면 사업은 주로 타인의 노동력을 동원해서 이루어지며 단기적인 수익보다는 중장기적인 매출을 중요시하게 된다.

    이에 따라 갖추어야 할 자질과 덕목도 달라진다. 장사는 부지런함과 해당 분야에 대한 전문성이 중요시되지만 사업은 이와 더불어 미래의 변화를 예측하고 전략을 수립하며 이를 강력하게 실천할 리더십이 무엇보다 중요하다.

    12년간의 칼국수한마당의 장사 경험을 토대로 하여 관련 제품의 사업화를 추진하면서, 장사와 사업을 다 경험해 본 나는 다행히 사업에 잘 적응해 온 듯싶다.

    무엇보다도 사업화 과정 동안 일당백의 자세로 4년간 열심히 노력하였고, 새벽 시간을 활용해 새로운 것에 대한 배움을 지속해 온 결과가 있었기 때문이 가능했을 것이다.

10. B2C거래와 B2B거래

B2C(Business to Consumer)거래란 기업과 소비자 간의 거래를 의미하며 B2B(Business to business)거래는 기업과 기업 사이에 이루어지는 거래를 말한다. 다시 말하면 B2C거래는 네이버 스마트스토어나 쿠팡과 같은 온라인 플랫폼을 통하여 고객이 제품을 주문하면 택배 등을 통하여 고객에게 직접 발송해 드리는 형태를 말하며, B2B거래는 상대기업의 창고에 직접 납품하는 형태 등을 말한다. 전자를 소매거래라고 보면 후자는 도매거래인 셈이다. B2C의 경우 고객이 구매를 결정할 때에 주로 리뷰에 의해 이루어지는 경우가 많아 비록 마케팅력이 부족해도 제품에 자신이 있는 소기업의 경우 좋은 기회가 될 수 있다. B2C에서 성공하는 제품은 B2B시장으로 진출하기가 크게 어렵지 않으나 반대로 B2B에서 B2C로의 진출은 쉽지 않다.

우리 회사의 경우 그동안 제품의 생산 과정이 수작업공정과 자동화공정을 병행하고 있었고, 냉동 제품인 관계로 대량생산이 어려워 B2B거래는 하지 못하고 B2C거래만 해 왔으나 올해에는 레토르트 포장 방식의 도입과 자동화 설비의 확충, 공장 이전을 추진함으로써 B2B시장에 진출할 수 있었다.

11. 브랜딩 전략

  브랜딩은 제품을 이미지와 느낌으로 소비자에게 각인시키는 과정으로, 적절한 마케팅과 결합되면 시장에서 가격을 주도할 수 있는 강력한 힘을 발휘한다. 이를 위해 제품만의 차별화된 본질 가치를 찾아 오랫동안 변함없이 유지하는 것이 중요하다. 또한, 마케팅과 시장 흐름을 끊임없이 고민하고 공부하며 예민한 감각으로 방향을 일관되게 잡고 치밀하게 준비해야 한다. 적절한 스토리도 필요하다. 기본을 지키며 꾸준하게 브랜드 이미지를 구축하고 홍보해 나가면 어느새 팬덤이 생기고 고객의 마음을 사로잡을 수 있다.

  소기업일수록 오너의 철학이 경영에 반영되고, 오너의 언행이 조직의 기업 문화로 이어지므로 오너의 퍼스널 브랜딩이 회사의 브랜드가 된다. 훌륭한 브랜드를 만들기 위해서는 오너의 진정성이 담긴 모멘텀이 필요하다. 브랜딩은 시간이 오래 걸리고 효과가 바로 나타나지 않기 때문에 오너의 적극적인 관심과 의지가 필수이다.

  나 역시 초기에는 브랜딩에 소홀했지만, 사업이 성장하면서 그 중요성을 깨달았고 나의 삶의 여정과 경험을 자연스럽게 브랜딩 과정으로 체계화하는 것이 전략의 출발점이 되었다.

  우리 회사의 대표 상품인 오동리 새알팥죽은 돌아가신 아버지의 고향인 오동리에서 이름을 따왔다. 행정구역상 현재 전라북도 군산시에

속하지만, 과거에는 대야면 산월리였고 흔히 오동리로 불리었다. 어린 시절 동짓날 아버지와 함께 호롱불 밑에서 먹던 팥죽의 기억을 떠올리며 밀키트 제품으로 만든 것이다. 이 제품은 상표 등록 당시 고유명사인 지역명 때문에 거부될까 걱정했지만, 다행히 무사히 통과되었다. 그 후 오동리팥죽은 온라인과 TV홈쇼핑을 통해 우리 회사를 알리는 중요한 역할을 했다.

　오동리팥죽은 우리 회사의 생산 원칙인 국내산 원재료 사용, 전통 제조 공법 계승(가마솥과 맷돌 방식), 그리고 건강 중시(저염·저당)를 충실히 반영한 제품이다. 어렸을 때 엄마가 해 주시던 그 맛을 그대로 느끼며 (돌아가신 엄마를 생각하며) "엄마! 보고 싶어요."를 연상시키는 스토리도 만들었다. 팥죽귀신에 대한 전래동화까지 있다. 집에서 사시사철 간편하게 만들어 먹으면서 엄마 생각을 나게 하는 오동리 새알팥죽은 고객의 상상 속에서 추억의 스토리를 만들어 내는 데 적합하다고 생각했다. 기존의 타사 상품들과는 맛과 품질에 있어서 확연한 차별성이 있는 데다 팥죽에 관한 전래동화를 알고 있는 세대인 40대 이상의 여성 고객층을 타깃으로 삼았다. 덕분에 오동리팥죽은 두터운 고객층을 확보하고 있으며 이제는 제품명 이상으로 우리 회사의 브랜드의 하나로 자리 잡게 되었다.

오동리팥죽 로고

12. 성장 단계별 전략이 필요하다

회사가 창업 후 성장하는 과정에는 여러 단계를 거친다. 제조업체의 경우, 소규모 수작업 단계에서 시작해 점진적으로 자동화 기계를 도입하여 생산량을 늘리고, 이후 공장을 확장하고 스마트 자동화 설비를 도입하여 양산 체제로 전환하게 된다.

중요한 점은 외연적 성장과 함께 본래의 차별화된 경쟁력(critical success factor)을 유지하는 것이다. 고객으로부터 "처음하고 맛이 달라졌어요."라는 말을 듣는 경우가 있다. 수작업에서 기계화, 자동화, 대량생산으로 전환되면서 최초의 맛을 잃고 '그거나, 이거나'라는 안일한 태도가 생길 수 있다. 이는 반드시 경계해야 할 문제다. 식품제조업체는 맛, 품질, 브랜딩에서 차별화된 경쟁력으로 대형 업체와 경쟁할 수 있다.

새로운 제품이나 방식을 도입할 때는 생산 직원의 저항이 따른다. 엔지니어들은 기존 방식을 고집하며 새로운 공법을 도입하는 데 거부감을 가질 수 있다. 이를 극복하는 것이 경영자의 중요한 숙제 중 하나다. 충분한 대화와 소통을 통해 회사의 방향성을 설명하고, 직원들을 동반자로 인식시키는 것이 중요하다. 설득이 되지 않는 경우, 과감한 결단도 필요하다.

요식업과 식품제조업에서 가장 어려웠던 부분은 직원 문제였다. 갈등이 생기고 직원이 그만두면 그 뒷감당은 사장의 몫이다. 후유증을 최소화하려면 핵심 레시피는 사장이 직접 챙기고, 긴급 상황 시에는 직접 투입될 수 있어야 한다. 규모가 커졌을 경우, 특정인에 의존하지 않도록 매뉴얼을 만들어 체계적인 업무 분장이 필요하다.

자금 문제는 사업 운영의 큰 애로사항 중 하나다. 사업 초기에는 자금이 부족해 오너의 잠 못 이루는 밤이 계속될 수 있다. 직원들의 급여, 설비 확충 등으로 인한 자금 부담은 모든 사장님들의 고민이다. 나도 마찬가지였다. 어떤 날은 아침에 일어나기 싫고 짜증을 자주 냈다. 이때마다 나는 다음과 같이 자금 문제를 극복했다.

- 인력을 최소화하여 비용을 절감하고, 현금흐름에 맞춰 사업 진행 속도를 조절했다.
- 사업에 대한 확신을 가지고 긍정적으로 사고하며, 새로운 것을 끊임없이 배웠다.
- 클래식 음악을 들으며 마음의 긴장을 풀고 평안을 찾았다.

이렇게 나는 자금 문제로 인한 압박과 스트레스를 극복하며 사업을 성장시켰다.

13. 끊임없이 공부하라

　식품제조업을 에워싸고 있는 주변 환경은 엄청난 속도로 변화하고 있다.

　우선 인터넷, 모바일 시대가 도래하면서 소비자가 제품을 구입하는 방식이 달라졌다. 종전에는 골리앗 대기업이 기획한 대량제품을 중심으로 한 강요된 소비의 시대였다면 이제는 고객이 본인에게 적합한 제품을 스스로 인터넷 검색을 통해 선택하여 구입하는 시대가 된 것이다. 구입할 때 제품에 대한 평가(별점과 리뷰)가 가장 큰 선택의 기준이 되었다. 특히 식품에 있어서는 이제는 대기업만이 우위를 점하는 시대는 지나갔고 소기업도 차별화된 제품과 브랜딩 전략이 있는 경우 노력 여하에 따라 얼마든지 비교우위를 보일 수 있게 된 것이다.

　중요한 점은 그 몫은 오롯이 사장님이 해야 한다는 점이다. 앞으로 다가올 흐름에 대한 올바른 방향을 읽고 차별화된 전략을 수립하고 실행하고, 고객과 소통하고…. 이를 위해서는 항상 배움의 자세를 가져야 한다. 요즈음은 본인이 원하기만 하면 유튜브와 관련 서적 등을 통해 얼마든지, 무엇이든지 배울 수 있다. 중요한 것은 배우려는 의지와 노력이다.

난 본래 컴맹 수준이었다. 학교 다니면서는 컴퓨터를 배운 적이 없었고 직장 생활을 하면서도 필요한 것에 가끔 사용하는 것 외에는 잘 쓰지 않았다. 굳이 시간을 내어 제대로 배울 시간적인 여유도 없었다. 자영업을 하면서는 몸을 쓰는 것이 주된 활동이 되어 컴퓨터를 쓸 일이 전혀 없었다. 그러다가 컴퓨터와 인터넷, 온라인 세상에 발을 본격적으로 들인 것은 사업을 시작하면서부터다. 바야흐로 E-Commerce 시대를 맞이하여 밀키트 제품을 만들어 온라인 판매를 하려고 보니 본격적으로 컴퓨터를 배울 수밖에 없었다. 처음에는 잘 이해되지 않는 용어와 방법들에 많이 힘들었다. 미국에 있는 아들에게 시도 때도 없이 물어보았고 유튜브와 관련 서적을 통해 열심히 배워 나갔다.

사업을 시작한 지난 4년간의 시기 동안 매일 아침에 일찍 일어나서 배움에 열정을 쏟았고 배우고 느낀 내용을 정리하는 것에 많은 시간을 쏟았다. 그러다 보니 느지막이 배운 노트북을 통해 구글 드라이브에 저장된 데이터와 콘텐츠가 한가득이다. 노트북을 어깨에 메고 다니면서 어디서든지 (단골카페는 제2의 사무실인 셈이다) 공부를 하고 데이터를 축적함으로써 복잡한 정부지원사업도 준비할 수 있었고 좋은 결과를 얻어 낼 수 있었다. 그동안 많은 실패와 부침 속에서도 성장할 수 있었던 것은 결국 끊임없이 배우려고 했던 열정에 기반한 것이었다.

기업의 리더라면 현실에 안주하기보다는 미래 환경의 변화를 예측하고, 변화를 두려워하지 말고, 끊임없이 혁신해야 하며 이를 위해서는 공부를 해야 한다.

14. 오팔세대의 고민

　최근 사회의 주요 키워드 중에 '오팔세대'라는 게 있다. 58년 개띠 생이 아니라 OPAL(Older People with Active Lives)세대. 베이비부머의 대표 격인 세대(50~60대)로 58년 개띠와 겹치기도 한다. MZ세대와는 다르게 인구 구조상 큰 비중을 차지하면서 새로운 소비층으로 떠오르고 있는 세대이기도 하다. 내가 속해 있는 이 세대는 소비의 관점에서만 의미가 있는 것이 아니다. 보통 현재 직장에서 은퇴는 했지만 평균 연령 100세 시대에 여전히 30~40년 이상을 새로운 일을 하며 살아 나가야 하는 세대이기도 한 것이다.

　사실 가장 바람직한 것은 은퇴(퇴임 등) 전에 해 왔던 일과 관련된 업무에 종사하는 것이다. 범위를 더 좁혀서 창업을 한다고 하면 일단 기술형 창업의 형태가 있겠다. 주변 동창들 중에 이과 출신들의 경우 이러한 케이스가 많다. 경험, 기술, 노하우를 살려서 하는 것이기 때문에 실패 확률이 그래도 비교적 낮은 편이다. 문제는 나와 같은 문과 출신들이다. 변호사, 회계사 등 전문직이 아니고서는 특정 기술을 가지고 있는 것이 아니기 때문에 딱히 할 만한 게 없다. 생계를 위해서 치킨, 식당, 카페 창업 등에 자연스럽게 몰리게 되지만 그쪽은 이미 레드

오션이 된 지 오래다. 60대에 시작하기에는 체력적으로 당연히 힘들고 무엇보다 마인드를 서비스받는 사람에서 서비스하는 사람으로 전환하기가 무척 어렵다. 고위 임직원으로 은퇴하는 경우에는 거의 불가능하다고 보인다.

나의 경우에는 40대 초반에 직장을 그만두고 갖은 시행착오 끝에 내가 좋아하는 칼국숫집 창업에 뛰어들었고 그것을 기반으로 나이 60에 법인을 세워 사업화를 시킬 수 있었다. 일종의 비기술 분야의 시니어 스타트업이라고 할까? 창업의 세계, 사업의 영역은 정말 정글과 같은데 은퇴 후에 정글에 툭 던져지면 정말 고통스럽다. 다행히 나는 매를 좀 일찍 맞은 셈이라 이제 조금씩 생존 방법을 터득해서 살아가고 있지만 오늘도 정글에 던져지는 수많은 중장년층들을 위한 해결 방법은 없는 걸까? 정부도 이 부분에 대해 깊은 고민을 가지고 시니어창업을 위한 여러 가지 방안을 내놓고 있는 듯하다. 개인 관점에서도 지속적인 학습과 정보 획득을 통해 경쟁력을 갖춰 놓고 기회를 모색하는 것이 필요할 것이다.

15. 내가 사업을 하는 이유

내가 60이 넘어 회사를 세우고 열심히 사업을 하는 이유는 무엇일까 자문해 본다.

한마디로 재미있기 때문이다. 사람마다 재미를 추구하는 대상이 다르겠지만, 나에게는 '일, 사업'이 그 대상이다. 나는 워커홀릭인 것이다. 사업 방향을 정하고, 목표를 설정하여 다양한 전략과 전술을 수립하고 추진하며, 그 결과가 처음 목표한 대로 이루어지는 것을 지켜보는 것, 그리고 회사가 조금씩 성장하는 모습을 보는 것에서 희열과 보람을 느낀다. 이것이 나만의 자아실현 방식이다.

12년 전, 모든 사람의 반대를 무릅쓰고 결행한 일이 이제 어느 정도 궤도에 오르면서 느끼는 재미는 더욱 크다.

어릴 때부터 나는 남의 간섭을 받는 것, 반복적인 일을 하는 것을 무척 싫어했다. 대신 새로운 일을 꿈꾸며 그것을 하나하나 실천해 나가는 것을 좋아했다. 요즘 하는 일이 나에게 딱 맞는 이유이다.

우리는 조그마한 별에 태어나 언젠가는 되돌아가야 하지만, 아침에 일어나 매일매일을 벅찬 기대감으로 하루를 보내고 잠자리에 들 수 있다는 것은 축복이 아닐까?

16. 가족 이야기

오래전 일이다. 칼국숫집을 해 보겠다고 아버지께 말씀드렸을 때 "우리 집안에는 장사꾼이 없는데….." 하시곤 아무 말씀이 없으셨다. 어릴 때부터 큰아들을 항상 자랑스럽게 생각했던 아버지의 걱정스러운 속마음을 이렇게 표현했을 것이다. 사실 겉으로는 큰소리를 쳤어도 이게 불효가 아닐까 하는 마음이 들었지만, 지금은 아버지께 이렇게 말씀드릴 수 있을 것 같다. "아버지! 저는 꿈을 이루고 있어요."

어렸을 때 내가 본 아버지는 항상 책상에 앉아 공부를 하고 계셨다. 돌아가시기 전에 건강이 악화될 때까지도 당신의 전공이신 철학 서적을 집필하셨다. 젊은 시절 언젠가 아버지의 철학 강의를 몰래 들어본 적이 있었다. 넘치는 열정과 함께 강의실에 울려 퍼지는 카랑카랑한 목소리로 학생들을 휘어잡으셨다. 아버지의 열정과 노력, 배움의 DNA는 아버지가 물려주신 소중한 자산이다.

사랑하는 어머니. 남편과 자식들의 뒷바라지를 위해 평생을 바치셨다. 나름 수완이 좋으셨던 어머니는 세상 물정에 둔하신 아버지를 대신하여 아버지가 느지막이 결행하신 유학 뒷바라지와 3남 1녀 자식들의 교육을 책임지셨고, 특히 큰아들의 행보를 항상 걱정하시면서도 전폭적으로 지지해 주셨다. 지금은 병환으로 병상에서 고생하시는 어머니를 뵐 때마다 죄송스럽고 감사한 마음에 눈물이 글썽여진다.

얼마 전 아내가 내게 이렇게 한마디 했다. "당신은 평생을 하고 싶은 것 다 하고 살았으니 인생에 여한이 없겠구려." 그 뒷면에는 아내의 무한한 희생이 뒤따랐다. 남편이 가는 길을 묵묵히 따라 주었다. 사업의 동반자로서 궂은일도 도맡아 해 주었다.

사업상 내가 많은 부침을 겪으면서도 오늘날까지 원하는 일을 할 수 있었던 것은 아이들 덕분이다. 둘 다 부모의 도움이 없이 큰아이는 미국변호사로, 둘째는 아티스트로 스스로 자기의 길을 훌륭히 해 나가고 있어 난 내 일에 주력할 수 있었다. 특히 큰아이는 12년 전 대학 졸업 후 혈혈단신 미국으로 건너가 전액장학금을 받고 알바를 하면서 Law School 졸업 후 변호사로 활동하고 있다. 졸업을 앞둔 어느 날 아들로부터 전화가 왔었다. "아빠! 저는 학자금 대출이 전혀 없어요. 미국 주식도 있어요." 힘든 유학 생활을 하면서 부모에게 도움을 요청하였다면 거절할 수 없었을 것이고 내가 이루고 싶었던 일들을 할 수 없었을 것이다.

할아버지-아버지-아들로 이어지는 도전과 열정, 배움의 DNA는 우리의 소중한 자산이다.

17. 아들 졸업식장에서

졸업식은 저녁 7시부터 예정되었지만, 졸업생이 많아 법학대학원만 따로 진행되었다. 우리는 미리 3시간 전쯤 일찍 와서 UH Law Center를 둘러보았다. 지난 3년 5개월 동안 아들이 보냈던 자취를 보고 싶었다. 강의실, Journal 룸(법률 학보 기자로도 활동했다) 등을 방문했다.

졸업식장은 학교 내 Fertitta Center에서 열렸다. 낯익은 하킴 올라주원 등 레전드들의 사진이 걸려 있는 걸 보니 NBA 체육관인 듯했다. 200여 명의 졸업생이 한 명씩 나와서 졸업장을 받는데, 아들 순서가 되자 나도 모르게 환호성이 나왔고 눈물이 찔끔 났다.

칼국숫집을 시작한 그해에 아들은 부모 도움 없이 홀로 미국으로 향했다. 재학 시절 교환학생으로 오하이오주의 Miami University에 가서 실력을 인정받아 졸업 후 오라는 전액 장학금 초청장을 받았다. 석사(2년)를 마치고 Rice University에서 Biomedical Engineering Ph.D(5년)를, 그리고 오늘 University of Houston에서 J.D(3.5년)를 받았다. MD Anderson 병원에서 포닥(Post Doctor)으로 일하면서 파트타임으로 다니느라 6개월이 더 걸렸다.

행사장 주변을 둘러보니 온통 백인과 가끔 보이는 흑인 가족들로 가득했다. 미국 교포도 아닌 낯선 땅에 와서 돈도 없이 얼마나 고생했을까. 원래 공부를 잘했지만, 맘에 들지 않는 대학교에 들어가게 되어 방황하다가 군대에서야 마음잡고 영어 공부를 시작했고, 미친 듯이 공부해서 오늘 여기까지 왔다. "한국에서 고생하는 엄마 아빠 생각하면 쉴 수가 없었어요."

오늘은 내 생애 가장 기쁜 날이다.

아들의 졸업식장에서

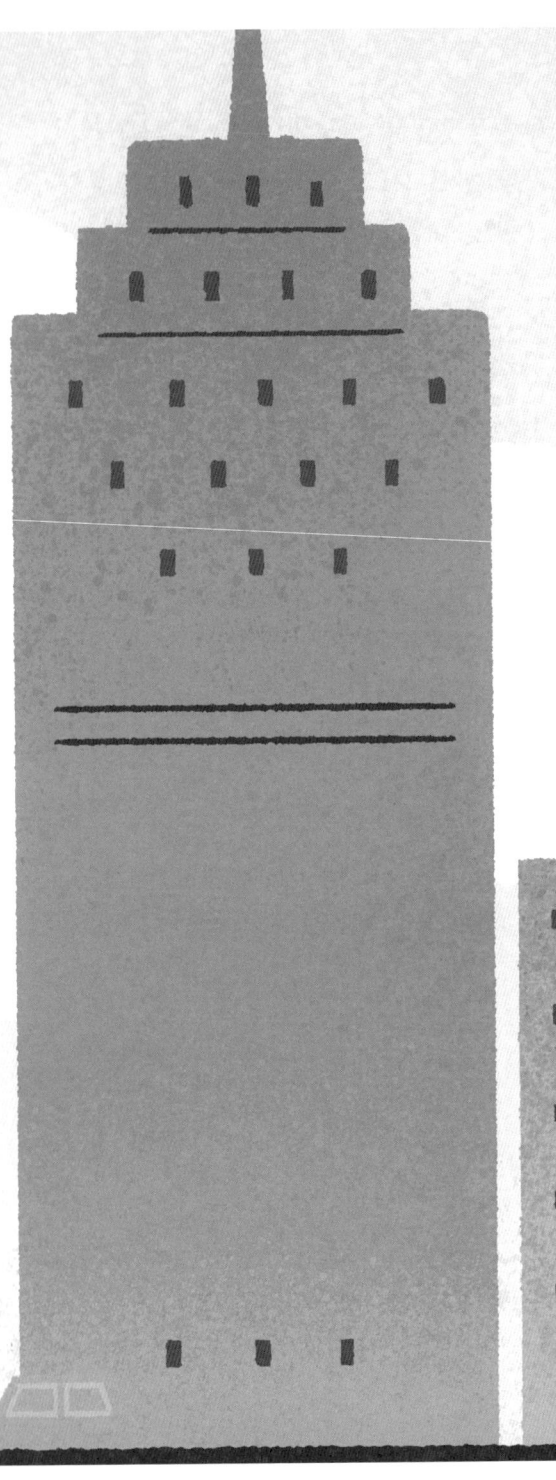

4부

새로운 꿈을 꾸며(향후 사업계획)

1. 공장 이전과 자동화 설비 확충

우리 회사의 성장 과정을 크게 태동기(2019~2020년), 성장기(2021~2023년), 발전기(2024년~)의 3단계로 나눌 수 있다. 식품제조가공업체인 ㈜한마당을 설립하여 칼국수한마당의 인기 메뉴를 밀키트로 제조한 시기를 태동기라 한다면, 기본 시스템을 갖추고 매년 50%씩 성장한 시기는 성장기로 볼 수 있다. 이제 업력은 5년 차에 접어들었고 매출 규모는 11억 6,100만 원을 기록했으니, 마의 징검다리는 넘은 셈이다. 대체로 제조업의 경우 창업 이후 3년, 매출액 10억을 달성하기가 고비라고 한다. 영업이익도 나날이 개선되었다.

2024년도에 들어 중장기 사업 계획을 수립하면서, 향후 회사의 방향을 설정하는 데 심사숙고하였다. 사업 초기 공장을 용인으로 이전할 때만 해도 커 보이던 공장 규모가 이제는 협소해졌다. 생산 물량이 부족하여 기업 간 B2B 거래는 엄두도 못 내고, 성수기 때에는 온라인 B2C 거래마저 품절 사태로 일부 물량을 거절할 수밖에 없는 상황이었다. 냉동 공간도 부족하여 일부 물량은 외부 3PL 업체에 의존하였다.

새로운 기계를 들여오기에는 공간이 포화 상태에 이르렀고, 자금이 많이 소요되는 대형 냉동창고 구축도 임차 건물이다 보니 계약 만료 시 투자 회수가 어렵다는 문제가 대두되었다.

방안은 두 가지였다. 현재의 매출 규모를 적정 수준으로 보고 현 수준에서 내실을 기하는 방안과 신규 투자를 통해 성장을 도모하는 방안. 오랜 고심 끝에 후자를 선택하였다. 투자 재원의 확보가 관건이었다.

한마당의 이전 공장

2. 제조 공정의 혁신

우리 회사의 모든 제품은 생산 과정에서 급속 냉동 방식을 채택하고 있는데, 이 공정은 여러 장점에도 불구하고 다음과 같은 한계점이 있다.

생산자의 입장에서는 제품을 냉동하여 출하하는 데 시간이 오래 소요되고, 물량이 늘어날 때마다 냉동 공간을 추가로 확보해야 하며 유통 과정에서 냉동이 풀려 제품이 손상될 가능성이 있다. 고객의 입장에서는 제품을 냉동실에 보관하고 조리 시 해동해야 하는 불편함이 있다. 또한, 미국을 제외한 대부분의 나라에서 냉동 유통 시스템이 구축되어 있지 않아 수출 가능 지역이 제한된다.

이러한 문제에 대한 대안으로 레토르트 공법을 고려하게 되었다. 레토르트 공법은 고온고압을 통해 멸균상태로 만들어 실온 보관이 가능하며, 유통기한이 제조일로부터 1년까지이다. 이 공법은 냉동 제품의 문제점을 해결할 수 있지만, 우리 회사 제품을 레토르트화했을 때 맛과 품질을 종전과 동일하게 유지할 수 있느냐는 점과 설비 구축 비용이 많이 든다는 점이 문제였다. 그러나 우리 회사가 식품제조업체로서의 면모를 갖추기 위해서는 도입이 필수적이라는 결론하에 레토르트 공법 도입을 결정하였다. 수차례의 테스트와 연구 과정을 거쳐 본래의 맛을 유지할 수 있는 우리만의 제조 공법을 확보하였다. 필요한 자금은 중소벤처기업진흥공단이 시행하는 장기저리의 설비 자금 대출 지원사업과 정부의 스마트 공장 및 푸드테크 사업에 선정되어 값비싼 레토르트 기계와 자동화 설비를 저렴하게 도입할 수 있게 되면서 해결되었다.

새로운 설비 구축으로 대량 생산과 원가 절감이 가능해지면서 기업 간 B2B 거래를 개시하고, 온라인 거래를 더욱 활성화시키며, 더불어 수출 지역을 다변화할 계획이다.

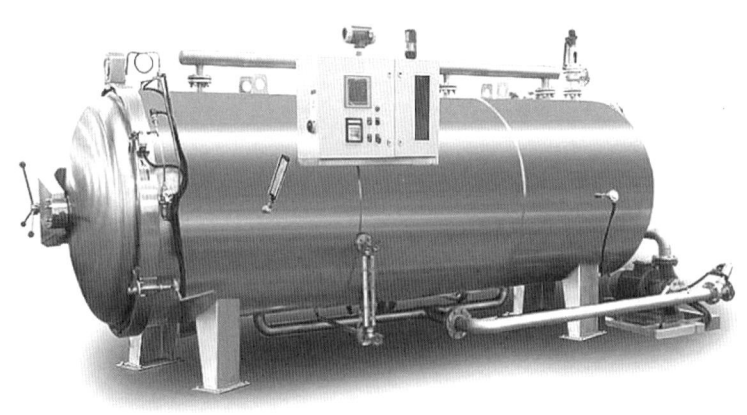

레토르트 공법에 필요한 설비

3. 전략 선언서

　우리 회사의 비전은 '고객의 건강을 생각하고 전통 대중 메뉴의 프리미엄화를 통해 고객의 사랑을 받는 기업'으로 성장하는 것이다.
　비전을 달성하기 위해 회사가 어떤 방향을 설정하고 전략을 수립할지 명확히 하는 것은 매우 중요하다. 비전이 명문화되어 눈앞에 있지 않으면 정확한 의미를 상실하고, 각기 다르게 해석될 수 있다. 이를 방지하기 위해 우리 회사의 비전 달성을 위한 전략 선언서를 제시한다.

전략 선언서

㈜한마당은 2013년 설립한 칼국수한마당 & 오동리팥죽을 모체로 하여 전통대중메뉴를 프리미엄 밀키트로 제조하기 위한 식품제조업체이다

전통제조공법을 계승 발전시키고, 주요 원재료를 국내산을 사용함으로써 잊혀져가는 전통메뉴의 본연의 맛을 재현하기 위해 노력하며, 고객에게 맛을 통한 풍요로운 일상생활이 이루어지기를 소망한다

정직과 신뢰를 기반으로 고객의 건강을 우선적으로 생각하고, 내부비용절감과 혁신을 통한 합리적인 가격으로 제품을 공급함으로써 고객으로부터 사랑받는 기업이 되기를 지향한다. 제품의 본연의 가치를 유지하는 가운데 고객의 합리적인 비판을 항상 겸허히 받아들여 부단한 노력과 혁신으로 더 나은 기업으로 발전하고자 한다

㈜한마당의 비전 달성을 위한 전략 선언서

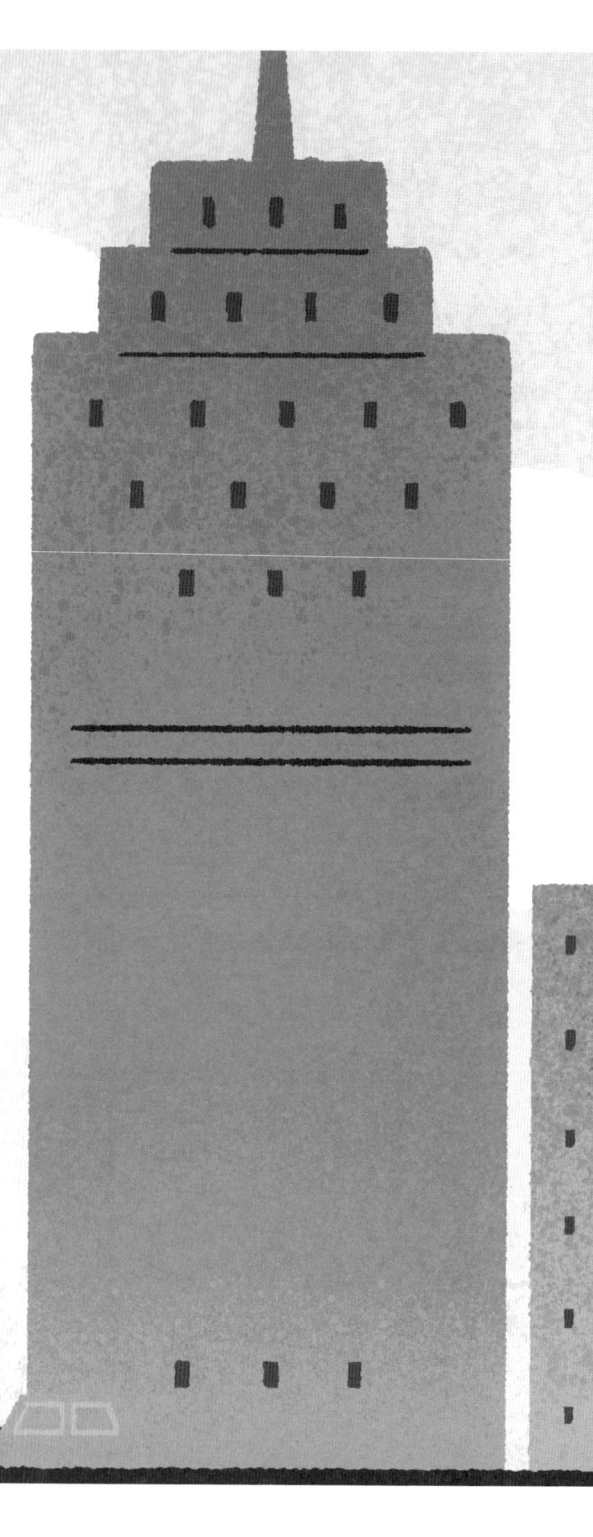

부록

1. 작가와의 인터뷰

회사 브랜딩

Q. 창업하신 회사 이름이 "한마당"인데 이름을 이렇게 지으시게 된 계기나 이유가 뭘까요?

A. 한마당이라는 단어가 붙은 식당은 많이 있어요. 낙지한마당이라는 것도 있고….(웃음)
칼국수에 대한 진심을 담았고, 직접 만든 레시피와 공정을 통해 칼국수의 A부터 Z까지를 제공한다는 자부심을 담고 싶었어요. 그리고 칼국수의 종류도 일반적인 해물칼국수뿐만 아니라 들깨칼국수도 있고 팥칼국수, 콩국수 등 다양하기 때문에 이 정도면 가히 칼국수의 '모든 것'이라 할 만하다고 생각했죠. 그래서 "all of" 칼국수! 칼국수의 모든 것들을 경험할 수 있는 場이 되는 식당이라는 의미로 "칼국수한마당"이라는 이름이 탄생했습니다. '한마당'은 사업의 대표 브랜드명이기도 하고요.

사실 칼국수는 우리의 전통 메뉴이기도 하고, 그 맛이나 들어가는 정성에 비하면 제값을 못 받고 있다고 생각해요. 그냥 한 끼

때우는 식으로 가치가 매겨지고 있었는데 이런 칼국수를 한 단계 더 레벨 업 시키고 사업화도 하고자 했고, 지금까지 이 길을 오게 되었네요.

이렇게 사업화한 칼국수한마당을 상표 등록했고 오동리팥죽도 마찬가지로 등록한 상태입니다.

Q. 미국으로 진출하신 이후에 추가적인 해외 진출 전략이 있으신가요? 추가 국가나 해외 고객을 대상으로 하는 제품 출시와 같은 전략이 있다면 말씀 부탁드립니다.

A. 미국부터 수출을 집중했던 이유는 사실 우리 제품이 냉동 제품이었기 때문이에요. 미국에서는 울타리몰이라는 온라인 판매 채널을 통해 판매를 하고 있는 상황인데, 주로 한인교포들을 대상으로 하는 이 채널은 한국 사람을 대상으로 한다는 특성에 맞게 1일 내 배송 시스템이 갖추어져 있습니다. 냉동 제품이라는 우리 제품의 특성상 출고 후 그다음 날에는 반드시 고객이 제품을 받아 봐야 하는데 이렇게 배송 시스템이 잘되어 있어야 그것이 가능하거든요. 그렇기 때문에 미국이 아닌 다른 나라에서 이러한 냉동 제품 형태의 판매를 시도하는 것이 쉽지 않은 일이었어요.

하지만 이제 저희가 레토르트 형태의 제품도 생산하기 시작했습니다. 반드시 냉동 상태로만 보관이 가능했던 기존 제품과는 달리 레토르트 형태의 제품은 실온 보관이 가능하거든요. 실온 보관이 가능하다는 것은 곧 유통 및 배송의 기간이 늘어난다는 의미이기도 하죠. 그래서 판매 지역 및 대상을 확대하기 위해서는 이런 레토르트 형태 제품으로의 전환은 필수적인 방향이었습니다.

레토르트 제품 생산을 위해서는 별도의 비싼 기계를 구매해야 했는데, 다행히 중소벤처기업진흥공단의 지원을 받아서 기계를 구할 수 있게 되었습니다. 사실, 주력 제품 형태를 추가하는 것은 결코 쉽지 않은 투자였지만 그만큼 기대되는 효과도 크기 때문에 필요한 것이기도 했다고 생각해요. 이제 레토르트 형태의 제품을 생산하게 되면 미국 외의 지역으로 수출도 다변화할 수 있습니다. 심지어 기온이 좀 높은 지역까지도 판매가 가능하니 잠재 시장이 엄청나게 커지는 효과를 거두게 된 것이죠. 기존 냉동 제품은 반드시 냉동고에 보관을 해야 하는데 해외 고객들이 생각보다 냉동고를 여유 있게 사용하지 않아 보관부터 쉽지 않은 문제였거든요. 그리고 냉동 제품의 특성상 조리를 위해서는 해동의 과정도 필요했는데, 실온 보관 가능한 레토르트 제품은 냉동 보관과 해동이라는 과정에서 소요되는 시간을 획기적으로 줄여 주기 때문에 고객의 편의성을 더욱 높여 줄 수 있는 제품이 될 거라고 생각합니다.

올해에는 내수를 중심으로 레토르트 제품의 판매를 집중할 계획이고, 내년부터는 본격적으로 미국 외의 시장에도 레토르트를 중심으로 한 수출을 시도하려고 해요. 미국 외의 시장을 타깃으로 하다 보니 이슬람권까지도 생각하여 할랄식품 인증을 별도로 받아 놓기도 했습니다. 그동안 수출의 큰 장애요인이었던 '냉동 보관'이라는 제약 조건을 이제는 극복했기 때문에 가능한 일들이에요.

Q. 창업을 하신 이후에 HMR이라는 새로운 형태의 딜리버리 서비스를 도입하셔서 밀키트의 선구자 같은 역할을 하셨는데, 밀키트가 보편화된 지금은 또 다른 고객 서비스를 생각하고 계신 것이 있다면 어떤 것인지 알 수 있을까요?

HMR이라는 것이 결국 '가정에서 쉽게 조리할 수 있는 간편식'이라는 용어인데 저는 분당 지역 내에서 반조리 형태의 제품을 배달했던 것이고, 밀키트라고 하면 전국 단위의 배송이 가능한 반조리 형태의 제품이라고 할 수 있겠네요. 이런 서비스는 저희 회사가 일찍부터 제공한 것이었죠. 일찍 시작한 만큼 많은 효과를 보기도 했고요.

현재 온라인에서 굉장히 많이 팔리고 있는 제품 중 하나는 팥물과 콩물인데요. 이것들도 레토르트 형태로 판매해서 고객의 편의성을 높이고 있어요. 예전에는 냉동 제품만 있다 보니까 날이 더워지면 포장이 터지기도 하는 등 불편함이 있었거든요. 대량 생산도 어려워서 늘 소량 생산을 기반으로 한 온라인 판매만 할 수밖에 없는 상황이기도 했고요. 그런데 지금은 앞서 중소벤처기업

진흥공단의 지원을 통해 확보한 레토르트 기계를 사용하면 대량 양산체제의 구축이 가능하거든요. 그동안 팥물과 콩물은 냉동 보관 형태로 소량 생산하여 온라인을 통해 판매가 이루어지고 있었는데 이제 실온 보관이 가능한 형태로 대량 생산이 가능한 상황이 된 것이죠. 대량 생산이 가능하다는 것은 결국 유통판매 채널 또한 온라인만이 아니라 오프라인이 가능해졌다는 의미입니다. 게다가 온라인 채널을 통한 판매는 배송 수수료 등 부가적인 비용이 더 들어가기 때문에 오프라인을 통해 고객을 직접 만나는 것은 여러모로 이득이 많은 상황입니다.

사실, 온라인을 통해 판매되었던 제품은 오프라인 채널로 변경하기도 쉽습니다. 왜냐하면 온라인 시장은 고객의 리뷰가 매우 활성화되어 있어서 철저한 검증을 받거든요. 그런데 오프라인에서만 판매되다가 온라인으로 채널을 변경하는 것은 어렵습니다. 철저한 검증, 배송 수수료 등 온라인 채널만의 특성에 적응하는 것이 결코 쉽지 않죠. 그런 의미에서도 저희 제품은 온라인에서 검증을 받은 뒤 레토르트화, 즉 멸균 실온 보관 형태로 오프라인에서도 고객들이 쉽게 살 수 있는 형태로 판매되면 경쟁력이 있을 것이라고 생각합니다.

Q. 생산과 영업, 서비스와 관련하여 노력하신 내용들은 책에서 많이 언급되고 있는데 브랜딩과 관련해서도 추가적으로 어떤 노력들이 있으셨는지 사례와 함께 말씀해 주실 수 있을까요?

A. 책에서 이미 용인시 지원을 통한 BI/CI 구축에 대한 내용도 언급을 했었는데, 브랜딩이라는 것은 CI와 같은 로고를 만드는 것보다 더 중요한 것이 있다고 생각해요. BI나 CI를 만들기만 하는 것이면 기술적인 부분이잖아요. 돈만 낸다면 얼마든지 만들 수 있는 것이지만 고객들이 그 브랜드에 대해 어떻게 느끼는지에 대한 것은 결코 돈만 낸다고 만들 수 있는 것이 아니거든요. 결국 제가 말씀드리고 싶은 진짜 브랜딩이란, "칼국수한마당", "오동리팥죽"을 떠올렸을 때 고객들이 '그곳은 신뢰할 만해, 품질과 맛이 모두 참 훌륭하지.'라는 내용을 자연스럽게 떠올리는 것이라고 말할 수 있겠네요.

결국 브랜딩이라는 것은 고객이 신뢰할 수 있는 이미지를 쌓는 것이죠. 저는 사업을 시작할 때부터 원칙을 가지고 고객의 신뢰를 쌓아 가는 것을 가장 중요하게 생각했습니다. 그리고 이것이 저희 제품만의 차별화를 가져오는 특성이 되기도 했고요. 신뢰를 쌓는 것은 결코 단기간에 달성할 수 없습니다. 고객의 신뢰를 받는 것은 정말 긴 시간이 걸리는 일이라는 것을 명심해야 합니다.

브랜딩의 또 다른 사례로는 오동리팥죽의 제품 이미지 구축이 있겠네요. 책의 서두에도 언급했던 것처럼 작년에 홈쇼핑을 통해 판매된 오동리팥죽이 이제는 저희 회사의 대표적인 상품이 되었는데요. 이 제품이 고객에게 주고 싶었던 주된 이미지를 한 단어로 요약하면 '엄마 생각'입니다. 동영상 광고에도 나와 있지만 고객이 이걸 사서 먹으면 자연스럽게 예전 어렸을 때 엄마가 해 주던 바로 그 맛을 느끼는 거죠. 광고 내용을 보시면 이걸 먹으면서 돌아가신 엄마가 생각이 나서 울면서 먹게 된다는 내용인데요. 이 내용은 그냥 만든 것이 아니라 리뷰에 있었던 걸 발췌해서 정리한 것입니다. 이 리뷰를 보고 '맞아, 바로 이거다!'라고 생각했거든요. 이 이미지가 오동리팥죽이라는 제품의 브랜드 이미지와 연결된다고 생각하고 고객들에게도 전달하려고 했죠.

브랜드의 이미지만 '엄마 생각'으로 가져가려는 게 아니라 제품의 특성도 그 이미지에 맞게 만들었어요. 대기업에서 생산하는 팥죽 밀키트는 수입산 원료를 사용하지만 저희 제품은 국내산 원료를 사용한 전통 공법을 사용했죠. 그리고 마치 집에서 엄마가 직접 해 주신 것처럼 달지 않은 맛을 내려고 했어요. 대기업에서 대량 생산을 통해 판매하는 팥죽들은 필연적으로 달 수밖에 없거든요. 그런데 저희 팥죽은 타깃 고객이 40~50대 여성분들이었고 이분들은 다이어트와 건강 등의 이유로 단것을 선호하시지 않는 계층이었습니다. 그러다 보니 타깃 고객과 제품의 특성이 충분히 고려된 브랜드 이미지가 최종적으로 만들어지게 된 것이라고 볼 수 있겠네요.

Q. 회사에서 함께 일하시는 분들에 대한 말씀도 들어 보고 싶습니다. 칼국수를 함께 만드셨던 조리사 부장님도 있으셨는데 그 외에도 같이 일하시는 분들에 대한 이야기, 채용에 대한 철학 등을

말씀해 주실 수 있을까요?

A. 칼국수한마당이라는 음식점을 만들어서 운영하는 동안 정말 많은 시행착오를 겪는 과정이 있었습니다. 점포를 늘리고 프랜차이즈화되면서 직영점을 별도로 두기도 했고 밀키트를 주력으로 변화를 주기도 했고요. 처음에는 음식점이었으니 조리사와 저 두 사람만 마음을 맞춰서 일을 열심히 하면 됐었습니다. 그런데 규모가 커지면서 여러 가지 애로사항들이 생기더라고요. 모든 회사들이 당연히 어려움을 겪겠지만 식품제조회사, 특히 저희와 같은 크지 않은 회사들이 직원들과 관련하여 겪는 문제가 있습니다. 대표적인 것이 바로 직원들이 자기만의 고집을 부리는 거예요. 시쳇말로 '곤조'라고 하기도 하는데요. 예를 들면 이런 거죠, '내가 없으면 이 회사 안 돌아가지.'라는 생각을 하기 시작하는 겁니다. 그러다 보면 태업도 하게 되고 경영자와 마찰도 빚는 등 문제가 생기는 경우가 많았어요.

그러다 보니 사업을 하면서 중요하게 생각한 또 하나의 포인트가 바로 특정 개인에게 의존하지 않고 시스템에 의해 생산과 판매가 이루어지도록 하는 것이었어요. 누가 하더라도 큰 차이가 발생하지 않도록 표준화하고 매뉴얼을 만드는 작업이 필요했죠. 사실 내부 프로세스가 표준화되지 않고 매뉴얼도 없다면 저희 같은 회사는 한두 사람이 빠져나가 버리면 금방 모든 공정이 멈추고 문을 닫아야 하는 상황에 맞닥뜨릴 수밖에 없습니다. 그래서 철저히 시스템에 의한 운영이 첫 번째로 추구하는 방향이었습니다.

다음으로는 인력 채용과 관리에 대한 분명한 철학을 가지고 있습니다. 그것은 바로 '능력주의'인데요. 이번에 저희 회사 생산을 책임지는 팀장을 중국 사람으로 임명한 것이 대표적인 예가 되겠네요. 이 사람은 조선족이 아니라 한족, 즉 순수 중국인이고 여성분입니다. 한족 출신의 중국인들은 자기 나라에 대한 자부심이 굉장히 크기 때문에 한국으로 귀화할 생각도 없고 언젠가는 다시 중국으로 돌아가겠다는 마음이 강합니다. 그런데 이분이 지난 7~8년을 저와 함께 일을 했는데 일을 너무 잘하시는 거예요. 남편도 한국 사람이고 아이들도 있는 상태이고요. 사실상 한국에 정착한 상태이시고 일도 잘하시니까 작년에 파격적으로 생산을 총괄하시는 팀장 자리를 맡겼어요. 공장장이라고 보시면 됩니다. 요즘 한국인들은 제조업체를 많이 기피하는 분위기인데, 그런 상황 아래에서 이분은 국적과 상관없이 일을 잘하시는 분이라서 책임자 자리로 발탁을 하게 된 것이죠.

결국 인사와 관련해서 저는 두 가지 원칙을 가지고 있습니다. 첫 번째는 '특정 인력에게 의존하지 않도록 내부 프로세스를 시스템화한다', 두 번째는 '국적이나 배경에 의한 차별을 하지 않고 순수하게 능력 중심으로 사람을 평가하고 역할을 부여한다'라고 할 수 있겠네요.

Q. "칼미남"이라는 유튜브도 운영하셨는데, SNS를 통한 마케팅 효과가 어떤 것이었는지 말씀해 주시겠어요?

A. 사업을 시작하던 시점에 저는 완전히 말 그대로 '컴맹'이었어요. 그런데 2000년대 들어서 인터넷의 시대, 그리고 이후 모바일의 시대가 되면서 SNS를 활용한 마케팅은 선택이 아니라 필수가 되었고 저도 이러한 시대의 흐름을 완전히 무시할 수는 없었어요. 그래서 맨 처음 시작한 게 유튜브였는데 사실 처음 시작할 때 유튜브가 뭔지도 모르고 정말 우연히 알게 돼서 시작했던 거였어요. 그렇게 혼자 영상을 찍었는데 또 편집도 혼자 해야 하는 상황이 된 거죠. 그래서 유튜브에서 편집을 어떻게 해야 하는지 검색하고 독학을 하면서 촬영과 편집을 스스로 하기 시작했습니다.

유튜브를 통한 마케팅의 처음 목적은 칼국수 음식점을 사람들에게 최소한의 비용으로 경영의 노하우나 음식점 운영에 대한 팁들을 알리기 위한 것이었어요. 비용 대비 홍보의 효과가 클 것이라고 판단하고 시작을 했는데 유튜브 마케팅이 결과적으로는 식당의 프랜차이즈화에 결정적인 계기가 되었습니다. 사람들이 유튜브에 업로드된 콘텐츠를 보고 "프랜차이즈화해 주세요, 지점을 내고 싶습니다."라는 요청을 해 오기 시작했던 거예요. 그렇게 프랜차이즈 지점들을 내다가 책에도 언급했지만 3년 전에 프랜차이즈는 완전히 중단을 했어요. 코로나 시기를 거치면서 많은 프랜차이즈 점주분들이 힘들어하는 모습을 보는 것이 힘들었습니다.

직영점이야 잘되든 그렇지 않든 제가 모든 책임을 지니까 오히려 부담이 적지만 프랜차이즈는 점주분들이 각자 지점에 대한 경영의 책임을 지다 보니 훨씬 어렵더라고요. 그래서 프랜차이즈는 완전히 정리했고, 때마침 밀키트 판매가 잘되기 시작해서 아예 공장을 세우고 밀키트 판매 쪽으로 사업의 방향을 바꾸게 되었습니다.

유튜브를 처음 시작한 것은 가게 운영에 대한 노하우 등을 많은 사람과 공유하고 싶었던 목적으로 시작했는데 결국 프랜차이즈화를 이끄는 수단이 되었던 거네요. 그런데 지속하기가 어려웠던 것이 유튜브는 편집하는 데 너무 오랜 시간이 걸립니다. 우리가 좀 큰 회사라고 하면 PD도 고용하고 해서 사진도 찍고 동영상도 찍고 그럴 텐데 모든 작업을 내가 혼자 해야 되니까 계속하기가 쉽지 않았네요. 그래서 그다음부터는 또 다른 SNS를 활용한 마케팅을 위해 페이스북을 쓰기 시작했어요.

Q. 유튜브에 이어 페이스북을 사용하신 마케팅을 하시는데, 콘텐츠 제작, 업로드 등 관리를 어떻게 하고 계신가요?

A. 페이스북은 시작한 지 이제 4년째인데, 제게는 페이스북이 참 잘 맞고 좋습니다. 페이스북도 처음에는 마케팅 목적으로 사용한 것은 아니었습니다. 제 페이스북 초기 업로드된 내용들을 보시면 알 수 있으시겠지만 그냥 조그마한 회사를 운영하면서 느끼는 소소한 감정들, 일상들을 간단하게 적으려고 했던 게 페이스북을

시작한 계기였어요.

그런데 아무래도 회사 운영과 관련된 내용들을 올리게 되는 거니까 제품에 대한 내용도 있고 판매와 이어지게 되는 부분들도 생기는데 절대 그런 것이 주된 목적은 아니에요. 개인적인 내용들도 간단히 적을 수 있고 해서 하루나 이틀에 한 번꼴로는 올리게 되더라고요. 게다가 유튜브와는 다르게 친구를 맺으면서 그 친구들의 피드를 보면서 또 많은 것들을 배우고 인생의 교훈도 얻고 때로는 회사 운영에 필요한 Skill도 알게 되는 등 다양한 방법으로 활용할 수 있는 것도 굉장히 좋았습니다. 글을 자주 쓰다 보니 제가 원래는 글솜씨가 별로 없는데 많이 늘어나는 효과도 있었습니다. 그것이 책을 쓰게 만든 중요한 동기 중 하나가 되기도 했고요.

페이스북을 하면서 저희 제품을 구매하신 고객들의 댓글도 보게 되는데 클레임에 대한 대응을 하기도 하고 제품에 대한 설명을 자세히 해 드리는 등 온라인에서도 성심성의껏 고객들을 대하려고 노력하고 있습니다.

Q. 대표님께서 마케팅 업무를 모두 직접 하고 계시는데, 생산과 판매/영업에 마케팅까지 많은 업무량을 감당하시면서 시간 관리는 어떻게 하시는지 궁금합니다.

A. 저희 회사 직원이 10명이 안 되고 그나마 대부분이 생산직입니

다. 생산 이외의 업무는 회계/경리 및 주문 처리 담당자, 그리고 배송 업무 담당자가 있으시네요. 그 외의 업무는 모두 제가 전담해서 하고 있거든요. 그러다 보니 업무량도 고 범위도 굉장히 넓습니다. 처음에는 정말 힘들었어요. 말씀드린 것처럼 제가 컴맹 수준이었는데 네이버며 쿠팡 등 정말 다양한 온라인 채널을 활용한 판매와 마케팅을 담당해야 했고 이 모든 과정이 정말 막노동에 다를 바 없었거든요. 게다가 온라인 판매를 위해서 라이브 방송도 6개월 동안 했었습니다. 라이브 쇼핑 방송 플랫폼인 그립(Grip)이라는 플랫폼을 통해서 방송을 했었죠. 그러다 보니 정말 해야 하는 일들이 많았어요.

이런 마케팅 관련된 일들뿐 아니라 저희 같은 소기업에게 굉장히 중요한 또 하나의 이슈인 자본의 관리도 제가 혼자 감당해야 하는 큰일 중 하나였습니다. 사업을 키워 나가기 위해서는 결국 두 가지 방법이 있는데 하나는 펀딩을 통해 투자를 받는 것이고 다른 하나는 제가 은행에서 대출을 받든지 해서 제 돈으로 하는 것이죠. 저는 두 번째 방법으로 사업을 해 나가고 있었는데 자금이 항상 충분하지 않았습니다. 그래서 자금 확보를 위해 취했던 중요한 수단이 바로 정부지원사업대상으로 선정되어서 자금을 확보하는 것이었어요. 그런데 정부지원사업도 대상으로 선정되기가 정말 쉽지 않았습니다.
아무나 해 주는 것이 아니라 펀더멘털이 튼튼해야 했거든요. 회사의 재무제표도 당연히 좋아야 했고 사업의 내용을 잘 이해하고 수행할 수 있음을 증명할 수 있어야 했고요. 이것도 정말 많은 시간과 노력이 투입되어야 했습니다. 정부지원사업의 종류도 내용도 엄청나게 많았기 때문에 그중에 우리 회사에 맞는 것을 찾고 준비해서 지원하고 하는 일련의 과정들을 혼자서 수행하는 것은 쉬운 일이 아니었죠.

회사를 단계별로 키워 나간다고 한다면 창업을 한 1단계, 혼자 모든 업무를 수행하며 키워 나간 2단계를 지나서 이제 퀀텀점프를 하는 3단계가 되면 더 체계적인 조직과 역할을 갖춘 회사로 회사답게 키워야겠죠. 다음 단계에서는 그렇게 할 수 있어야겠다고 생각하고 준비하고 있습니다.

이렇게 해야 하는 일이 많다 보니까 아침 일찍부터 일어나서 일을 할 수밖에 없습니다. 새벽 4시 정도에 일어나서 정부지원사업들이 어떤 것이 있는지 확인하고 준비 중인 내용들도 점검합니다. 낮에는 마케팅, 재무 등 회사 운영과 관련된 업무를 하는 데에도 시간이 부족하기 때문에 새벽 시간을 활용하게 되더라고요. 그래서 항상 일찍 자고 일찍 일어나서 일을 시작하는 패턴을 가지고 있었고요. 최근에는 너무 일만 하면 안 되겠다 싶어서 아침에 일어나면 산책을 1시간 정도 하고 일을 시작하고 있습니다.

성공과 실패

Q. 요즘 성공에 관한 책들이 많이 나오는데 대표님이 생각하시는 성공에 대한 비결은 어떤 게 있을까요?

A. 목표를 설정하는 것이 가장 중요하다고 생각해요. 그런데 그 목표가 자기가 가장 좋아하는 걸 해야 한다는 거예요. 자기 자신이 정말 좋아하는 것을 해야 그것에 대해서 열정을 가질 수가 있는 것이거든요. 저도 칼국수를 정말 좋아했기 때문에 창업을 할 수 있었습니다.

그리고 그 좋아하는 것을 더 잘하기 위해서 배우고 공부하고 도전하는 게 필요하다고 생각해요. 그래서 제 좌우명도 열정과 도전, 배움입니다. 목표를 세웠다면 그것을 이루기 위해서 필요한 것이 바로 이 세 가지라고 생각해요.

Q. 지금까지 읽으신 책 중에 인상 깊으신 게 있다면 말씀해 주시겠어요?

Ray Dalio가 쓴 《Principles》라는 책을 제가 읽었거든요. 좀 두꺼운 책인데 참 감명 깊게 읽었어요. 이 책을 쓴 Ray Dailo가 브리지워터 어소시에이츠라고 미국에서 굉장히 큰 헤지펀드의 창립자예요. 저도 증권회사에서 20년 이상 일을 했기 때문에 투자나 펀드 운용 등에 경험이 많은데, 사실 제가 이 분야에 대해 굉장히 부정적이었습니다. 그런데 이분이 쓴 책을 읽고 '내가 잘못 생각했구나.'라는 걸 깨달았어요. 이분이 정리한 삶의 원칙, 직장에서의 원칙들을 보면서 '아, 이게 다 일하면서 쌓인 경험들과 깊이 연결되어 있구나.'라는 것을 알게 되었습니다. '그리고 보니 내 삶도 증권회사에 다니던 당시의 경험들을 기반으로 배운 것들을 가지고 살아가고 있었구나.'라는 생각도 하게 되었고요. 회사에서 배운 것들이 지금 제 인생, 그리고 회사의 경영에 큰 도움이 되고 있더라고요.

Q. 사업을 하고자 하는 예비 창업자들이 많은데 혹시 이렇게 사업을 준비하는 분들에게 해 주고 싶은 말씀이 있다면 무엇일까요?

A. 앞서 말씀드렸던 것처럼 사업도 반드시 자신이 하고 싶은 걸 하라고 말씀드리고 싶어요. 사업을 한다는 것은 끊임없는 도전이고 열정을 가지고 한다고 해도 엄청나게 힘든 과정을 지나야 하거든요. 그런 힘든 과정을 극복해 나갈 수 있는 데에는 내가 선택했기 때문에 해 나가는 거야 하는 마음가짐이 필요합니다.

그리고 이러한 과정을 지나면서 더 중요한 것은 배움이에요. 책에서도 이야기했고 지금 인터뷰에서도 말씀드린 것처럼 저도 사업을 시작하면서 칼국수 조리법, SNS를 활용한 마케팅, 정부지원사업 등 많은 것들을 직접 배워 나갔어요. 그리고 지금도 끊임없이 새로운 것들을 배우고 있고요. 나이가 많든 적든 상관없이 사업을 하는 사람은 끊임없이 공부해야 된다고 생각합니다.

Q. 요즘 부자 되는 방법, 돈에 대한 공부 등이 SNS에서 굉장히 많이 공유되고 있는데요. 대표님께서 생각하시는 부자의 정의란 무엇인가요?

A. 저는 부자라는 것이 단순히 돈을 많이 벌었다는 것이 아니라 자신의 성취감이나 자아실현과 깊이 연결되어 있다고 생각해요. 돈만 많다고 부자라고 할 수는 없다는 거죠. 그런 의미에서 저는 참 부자라고 생각이 들어요. 사업을 하면서 초반 3년이 참 큰 위기였고 그다음부터 매출액이 10억이 되면서부터는 정부지원사업에 선정되는 것도 더 수월해지고 하는 등 지금은 달라지게 되었는데요. 달라진 후 지금 저는 부자라고 생각해요. 제 나름대로의 원칙을 가지고 그 원칙대로 회사를 운영해 나갈 수 있어서 재정적으로는 아직 많이 부족하지만 마음은 정말 흐뭇하고 성취감이 높거든요. 이런 상태 자체를 저는 부자라고 정의하고 싶네요.

Q. 많은 일들을 하고 계시는데 건강관리는 어떻게 하시는지 궁금합니다.

A. 솔직히 제가 운동을 별로 좋아하지 않고 아침에 일어나면 일어나자마자 책상에 앉아서 바로 이것저것 일을 하는 스타일입니다.

그래서 꼭두새벽부터 일을 시작해서 하루 종일 일만 하는 그런 삶을 살았는데 얼마 전부터는 '이게 아니다.'라는 생각이 들었습니다. 그래서 이제 좀 건강관리를 해야겠다는 생각이 들어서 우리 집 옆에 있는 동산으로 산책을 나가기 시작했어요. 그런데 이걸 운동이라고 생각하니까 은근히 힘들어서 얼마 못 가겠더라고요. 그래서 '이 시간은 운동하는 시간이 아니다, 사색의 시간이다.'라고 마음가짐을 바꿨어요. 그랬더니 그 시간이 즐거워지고 걷는 것도 훨씬 힘이 덜 들었어요. 그래서 천천히 걸어가면서 생각도 하고 계획도 세우고 그렇게 하고 있습니다. 길에 피어 있는 꽃들을 보면서 겸손하게 살아가야겠다고 다시 한번 인생에 대해 생각해 보기도 하고요. 내게 있는 문제점들을 생각하면서 반성도 해 보는 등 여러 가지 정리해 볼 수 있어서 참 좋은 시간입니다.

Q. 최근 많은 60대 분들이 직장을 은퇴하고 제2의 인생을 꿈꾸고 계시는데 이분들에게 조언을 해 주실 수 있을까요?

A. 옛날에는 60살이면 환갑이라고 잔치를 성대하게 해 줬는데 지금은 전혀 그런 시대가 아니잖아요. 말 그대로 100세 인생을 살아가는 시대이니까요. 연세대학교 철학과 명예교수이신 김형석 교수님은 지금 104세이신데 가장 좋았던 때가 60대라고 하시더라고요. 앞으로 수명은 계속 늘어날 수밖에 없으니 60대는 아직 뭔가를 더 해야만 하는 시기인거죠. 60살이 되면 은퇴를 하고 어린 손주들이 생기는 때인데 그러면 이후 40년은 뭘 하고 살 것인가,

사실상 은퇴라고 말할 수 없고 제2의 다른 인생을 살아야 하는 절박함이 요구되는 때라고 할 수 있습니다. 이것은 돈이 있냐 없냐의 문제가 아닙니다.

그렇다면 60대에는 저처럼 꼭 사업을 해야 하느냐 하면 그것도 아닙니다. 자기가 진정으로 하고 싶었던 것들을 해야 된다고 생각해요. 그게 여행이 됐든, 아니면 봉사활동이 됐든 자기가 남은 인생을 새롭게 시작하는 마음을 가져야 합니다. 자신이 좋아하고 즐거움을 느끼는 것들이 반드시 사업이 아니라도 할 수 있어야 해요. 결국 돈이 있어야 그렇게 할 수 있을 테니까 대부분의 사람들은 여유 있게 그렇게 하기가 쉽지 않겠죠. 하지만 그럼에도 불구하고 진짜 자신이 좋아하는 일을 열정과 배움을 가지고 도전하자고 하고 싶습니다. 지금은 의료기술도 발달해서 건강을 유지하기도 더 수월하고 치열한 경쟁 시대를 거쳐 온 60대들이니만큼 실력도 갖춘 사람들이니 해낼 수 있으리라 생각합니다.

Q. 사업을 하시면서 자녀도 훌륭하게 키워 내셨는데요. 자녀 교육의 성공 비결이 있다면 무엇일까요?

A. 제가 부자라고 말할 수 있는 또 하나의 이유이기도 한데요. 바로 제 큰아들 때문입니다. 제 아들이 미국에서 공부를 하고 직장생활을 하고 있는데 사실 이게 몇십억이 들어가는 일이거든요. 아파트 몇 채를 팔아야 한다고 말할 만큼 쉬운 일이 아니죠. 그런데

제 아들은 미국으로 가서 벌써 12년째 살고 있어요. 한국에서 2학년을 마치고 교환학생을 미국으로 다녀왔는데, 공부하면서 높이 평가를 받았던 모양이에요. 한국에서 학교를 졸업하자마자 공부를 더 하러 오라고 제안을 받았어요. 그게 마이애미대학교였는데 한국에서 졸업을 하자마자 거기로 가서 석사까지 마치게 되었죠. 그다음에는 라이스대학으로 갔는데 바이오 메디컬 분야에서는 남부의 하버드라고 불리는 곳이거든요. 거기서 바이오 메디컬 엔지니어링으로 박사학위를 받았어요. 거기서 끝내지 않고 휴스턴로스쿨에 들어가서 로스쿨도 이번에 마쳤습니다. 변호사 시험도 한 번에 합격을 했고요. 이 과정에서 본인이 전액 장학금을 받으면서 생활비 마련을 위해 아르바이트도 했어요. 아르바이트도 단순히 접시닦이 뭐 이런 것이 아니라 전공과 관련된 일들을 했었습니다. 로스쿨에 다닐 때는 여러 개의 로펌에서 인턴으로 근무하면서 학비와 생활비를 벌기도 했죠. 미국 로펌 두 군데에서 인턴을 하고 시간을 맞춰서 한국에 와서는 김앤장에서도 일을 하고 갔습니다. 부모에게 의존하려 하지 않고 아주 독립심이 강한 아이입니다. 사실 제가 이렇게 사업을 할 수 있는 것도 어찌 보면 큰아들이 제일 큰 공신 역할을 했다고 볼 수 있습니다. 만약 걔가 본인이 공부하겠다고 돈을 더 달라고 하면 저는 줄 수밖에 없으니까요. 그렇게 되면 이렇게 사업을 확장하고 더 투자하는 것도 불가능했을 거예요.

제 아들은 결혼도 혼자 다 준비해서 진행했어요. 그 과정에서 "부모님 와서 도와주세요." 이런 말도 전혀 없었습니다. 저는 제 아들이 그렇게 잘 성장할 수 있었던 배경에는 DNA가 있다고 생각합니다. 제가 말씀드리는 DNA는 단순히 머리가 좋다는 것만이 아니라 제가 저의 아버지에게 배우고 또 제 아이가 저에게 자연스럽게 배운 것들의 영향이 크다는 거예요. 그게 저는 '열정'이라고 생각합니다. 저희 아버지는 당시 정말 늦은 나이인 40대에 도전을 하셔서 동경대에서 박사학위를 받으셨죠. 강의를 하실 때도 무척 열정적이셔서 강의실이 쩌렁쩌렁 울릴 정도였습니다. 박사학위를 받고 돌아오셔서도 항상 끊임없이 공부를 하셨습니다. 저는 어렸을 때부터 저희 아버지가 책상에 앉아 계신 모습을 늘 봐 왔고 그것이 은연중에 자연스럽게 배우게 되었다고 생각합니다. 저는 제 아버지처럼 책상에 늘 앉아 있었던 것은 아니지만 제 아들도 제가 끊임없이 도전하고 공부하고 배우는 사람이라는 것을 알고 있었다고 하더라고요. 그렇기 때문에 아빠 또래 사람들과는 말이 잘 안 통해도 아빠와는 잘 통한다고 곧잘 말해 줍니다.

유학가기 전에도 제 아들의 자립심은 참 남달랐는데 중학교 2학년 때 신문 배달 알바를 했었어요. 아파트 1층부터 15층까지 배달을 하는 거였는데 그걸 1년 정도 불평불만 없이 잘 해내더라고요. 다음에 동생한테도 해 보라고 했는데 그 녀석은 며칠 하다가 못 하더라고요. 큰아들은 참 자립심이 강한 아이였어요.

미국에서 공부하면서 학자금 대출을 받은 것도 이미 다 갚았다고 해요. 미국 학교 졸업한 사람들은 이 학자금 대출을 갚는 것도 정말 힘든 일이거든요. 워낙 학비가 비싸다 보니까. 그런데 그걸 이미 다 갚았다는 거예요. 정말 대단하죠. 그리고 사실 라이스대학에서 박사학위를 받았으면 거기서 더 이상 뭔가 더 하지 않아도 되는데 더 욕심을 부려서 로스쿨까지 가고…. 저희 아버지부터 저를 거쳐 아들에 이르기까지 끊임없는 배움과 도전이라는 DNA가 분명히 존재하는 것 같아요.

그리고 제 아내의 교육방침도 굉장히 중요한 역할을 한 것 같아요. 우리 시대 아빠들은 사실 바깥일만 하고 집안이나 가족을 돌보는 것은 잘 못했잖아요. 근데 아내가 자녀 교육에 극성스런 엄마가 아니었어요. 요즘도 그렇지만 당시에도 선행학습을 진짜 많이 시키고 학원도 많이 보내고 하던 시기였는데 아내는 그런 것을 싫어했어요. 어디 보내지 않고 본인이 직접 같이 앉아서 공부하곤 했습니다. 아내는 항상 한국식 주입식 교육이 참 싫다고 했었습니다. 아이도 그런 엄마 밑에서 자라서 그런지 미국을 가더니 미국에서 받는 교육이 자신한테 너무 잘 맞는다고 하는 것이었어요. 마구잡이로 외우라고만 하는 주입식이 아니라 자신의 생각을 충분히 펼치고 창의성을 발휘하라는 방식이었거든요. 그래서 진학의 방향성도 더 분명하게 잡아서 지원해 줄 수가 있었죠. 이렇게 저는 엄청난 부자가 되었습니다.

Q. 추가로 독자들에게 해 주실 말씀이 있으실까요?

A. 사람마다 가치관이 다 다릅니다. 우리나라도 그동안은 '돈만 있으면 좋은 것 아냐?'라는 방향성 아래에서 돈을 벌기 위해서 쉬지 않고 달려왔습니다. 그리고 돈을 버는 것은 결국 돈을 마음껏 쓰기 위해서이고 쓰다 보면 행복을 느끼니까 더 좋아지는 것이 될 테고요.

하지만 번 돈을 죽을 때 다 가져갈 수도 없고 또 돈이 많으면 많을수록 고민해야 하는 내용도 훨씬 많아집니다. 그래서 단순히 돈을 많이 벌어야 한다와 같은 획일적인 가치관만이 아니라 자신이 정말 좋아하는 일을 하는 것이 100세 인생에서는 반드시 필요하다고 생각합니다. 특히 내가 진짜 좋아하는 일이 있는데 '나는 이미 충분한 돈을 가지고 있으니까 집에서 그냥 놀 거야!' 할 수는 없거든요. 집에 돈이 있든지 없든지 간에 내가 정말 하고 싶은 일들에 열정을 가지고 끊임없이 도전하고 또 배워 나가는 것이 가장 중요하다고 생각합니다.

2. 작가 관련 기사 모음

국민연금 주식투자 7천90억원 수익올려

매일신문 1999.05.19.

국민연금 도시지역 자영자들의 보험료 납부 저조 등으로 골머리를 앓고 있는 국민연금관리공단이 최근 주가활황에 힘입어 기금운용사상 최고의 차익을 남겼다.

19일 보건복지부와 연금공단에 따르면 지난 1월부터 이달 7일까지 매입가를 기준으로 주식에 모두 1조444억원을 투자해 모두 7천90억원의 수익(실현이익 2천580억원, 평가이익 4천510억원)을 거둬 77.14%라는 경이적인 수익률을 기록했다.

특히 모두 2천486억원을 투자한 한국통신 주식가격이 최근 주식붐을 타고 껑충뛰는 바람에 매매차익으로만 2천140억원을 남기는 등 모두 4천812억원의 수익을 올려 188%의 수익률을 기록했다.

이밖에도 국민은행 주식으로 207억원, 삼성물산 주식으로 94억원을 각각 벌어들이는 등 대형 우량주를 중심으로 한 매매에서 큰 시세차익을 남겼다.

연금공단은 지난해에도 평균잔액 8천12억원에 수익금 4천871억원으로 수익률 60.8%를 기록했으며 한국통신 주식 1천183만2천여주를 주당 4만3천525원에 매각해 2천43억원의 매도차익을 올리기도 했다.

연금공단이 국민적 반발에 휩싸인 국민연금 도시지역 확대사업의 와중에서도 경이적인 기금 수익률을 올린 것은 지난해부터 영입하기 시작한 한승양(39), 권도형(35), 정영길(38), 박재홍(34), 김성연(34)씨 등 실무경력 3년 이상의 30대 펀드매니저 5명의 공로로 밝혀졌다.

이들이 들어오기 전에는 일반 직원이 투자자문회사의 자문을 받아 주식, 채권 등을 관리해왔으며 지난 87년 이후 10년 동안 증권과 부동산 투자 등을 잘못해 무려 1조6천억원의 손해를 봤다.

연금공단 한국태(韓國泰) 기금이사는 "과거에는 주식.채권을 사고 파는 데 일일이 정부 승인을 받아야 돼 주식시황에 적절하게 대응할 수 없었다"며 "국민연금법개정으로 올해부터 기금운용의 자율성이 제도적으로 보장돼 주식,채권 투자에서 기민함을 발휘할 수 있게 됐다"고 말했다.

국민연금 "채권팀 보강..운용대상 확대"

머니투데이 민병복 기자 2001.11.05.

국민연금이 채권운용팀을 대폭 보강하고 운용대상 채권도 크게 늘리기로 해 눈길을 끌고 있다.

한승양 국민연금 채권운용팀장은 "최근 기금운용본부에서 20명을 추가로 채용했는데 이중 4명이채권부문에 보강됐다"고 밝혔다.

국내 채권부분에 2명(오재경 서영익 과장) 해외채권 부문에 1명(권오진 과장), 리서치 부분에 1명(김상만 과장)이 충원됐다. 이에따라 국민연금 채권운용팀은 기존 4명에서 8명으로 두배나 늘어났다. 오-서 과장은 투신사 출신이고, 권-김 과장은 종금사 출신이다.

한 팀장은 이번 채권팀 보강은 저금리로 인해 자산운용이 어려워진 상황에서 운용대상을 다양화하기 위한 것이라며 세가지 면에서 의미가 있다고 설명했다.

첫째는 지금까지는 A급 채권에만 투자해 왔는데 앞으로는 그 이하 채권으로도 투자대상을 확대하기로 했다. 이에따라 크레딧애널리스트인 김상만 과장을 채용했다는 것이다. A급 이하 채권도 투자하려면 개별 채권의 심사기능을 강화할 필요가 생긴데 따른 것이란 설명.

둘째는 해외채권 투자를 강화하기 위한 포석이다. 국민연금은 올 하반기부터 해외채권 투자를 할수 있다. 당분간은 외화표시 한국물을 중심으로 투자하지만 내년 하반기이후에는 순수해외채권에도 투자하기 시작할 방침이다. 해외투자가 허용된 후 지금까지 실적은 500만달러에 불과하지만 앞으로는 해외채권 발행시장에서의 인수를 늘릴 계획이다. 종금사 출신의 권오진 과장이 충원돼 해외부분 담당이 2명이 됐다.

셋째는 투신사와의 매매 활성화이다. 지금까지는 은행 보험 증권사 출신들만 있었고 투신사와의매매가 활발하지 않았는데 이번에 투신사 출신 2명을 뽑아 이런 문제를 보완했다는 것. 출신대학도 서울대 연세대 중심에서 서울대 연세대 고려대로 다양화했다고.

한승양 팀장은 "지난 99년 11월5일 국민연금에 기금운용본부가 발족될 당시 채권운용규모는 6조5506억원이었으나 올 10월말에는 34조4200억원으로 급팽창했다"며 "이번 팀 보강을 계기로 설립이후 부실이 전혀 생기지 없는 점을 바탕삼아 더욱 효율적으로 국민의 자산을 운용해 나가겠다"고 말했다.

[인터뷰]
"칼국수로 '인생 2막' 열었죠"
서울대 나온 '국수 박사'

한국경제 조아라 기자 2017.11.29.

칼국수한마당의 한승양 대표. 서울대 출신 '칼국수장이'다. 사진=조아라 한경닷컴 기자
rrang123@hankyung.com

"퇴직하면서 '이젠 내가 하고 싶은 일을 해보자' 하고 마음 먹었죠. 그래서 평소에 좋아하던 칼국숫집을 차린 겁니다."

경기도 성남시 분당구에서 문을 연 '칼국수한마당'의 한승양 대표(57·사진)는 온화한 말투로 창업하게 된 이야기를 꺼냈다.

한 대표는 전주고등학교를 나와 서울대 국제경제학과에서 공부했다. 졸업 이후 쌍용투자증권(현 신한금융투자 전신) 채권부에 들어가 국민연금 채권 운용팀장에 이르기까지 한 대표는 이른바 '정통 금융맨'이다. 우리나라 채권 시장의 발전을 위해 맨 앞에서 기여한 인물이기도 하다.

그가 2000년대 중반 금융권에서 퇴직하고 나와 용인·분당 지역에서 칼국숫집을 차렸다. 5년 동안 직영점을 4곳이나 낼 만큼 칼국수에 대한 열정이 뜨겁다. 현재 배달의 민족 한식 부문에서 평점 4.6(5점 만점)을 기록할 정도로 지역 주민의 입맛을 사로잡았다는 평가다.

"1985~2003년까지 20년가량 금융권에 있다보니 스트레스도 받고…그래서 40대 중반의 나이에 조금 일찍 나왔습니다. 그때부터 제 2의 인생을 위해 요식업에 관심을 두게 됐습니다. 칼국수는 많은 메뉴 중에서 제가 제일 좋아하는 메뉴에요."

직장인 시절에도 일주일에 1~2회 정도는 꼭 칼국수를 먹던 한 대표는 관심사를 살려 칼국숫집 창업에 나서기로 했다. 하지만 '맨땅에 헤딩하는 격'이었다. 원재료부터 밀가루 반죽까지 조금만 달라져도 변하는 칼국수 맛에 '초행자'인 한 대표는 무수한 시행착오를 겪었다.

칼국수한마당 칼국수 재료들. 한 대표의 비법이 녹아 있는 면발. 사진=조아라 한경닷컴 기자
rrang123@hankyung.com

"칼국수 반죽은 밀가루, 물, 소금이 들어가는데 중요한 것은 '물 조절을 어떻게 하느냐'입니다. 여름엔 물 사용량을 줄이고 겨울엔 늘리죠. 반죽 후

에는 숙성 과정도 거치는데 이 모든 레시피를 개발하는데 1년 정도 걸린 것 같습니다."

수익성을 고려해 기본 메뉴인 해물칼국수 외에도 팥칼국수, 들깨칼국수, 매생이칼국수, 콩국수 등 다양한 메뉴를 개발했다. 사용하는 원재료는 국내산을 고집하고 있다. 특히 콩의 경우 연천 지역에 주로 생산되는 '장단콩'을 사용해 맷돌로 직접 갈아 만들어 제공된다. 한 대표는 이 콩을 구하기 위해 연천 지역에 직접 방문했다. 전국적으로 안 돌아다닌 곳이 없을 정도로 발품을 팔아 유명 칼국숫집의 운영 노하우 역시 습득했다.

"5년간 거의 하루도 쉰 적이 없는 것 같습니다. 심지어는 명절 때도 나왔을 정도였죠. 보통 새벽 6시에 출근해 밤 11~12시에 퇴근합니다. 옆에서 보면 힘들 것 같지만 좋아하는 일을 하니 힘이 저절로 납니다. 예전에 직장일 시절에는 감기도 잘 걸리고 했는데 요즘엔 정말 제가 '강골이'었나 싶을 정도로 활력이 넘치고 건강해진 느낌입니다."

특히 6개월 전부터 배달 앱을 사용하면서 칼국수 주문량이 늘었다. 반조리 형태로 포장된 칼국수 재료를 고객에게 배달하고 있다. 후기글 등을 통해 배달 앱 도입 초기보다 주문량이 2배(주말 기준)이 상 늘었다. 주로 30~40대 주부들이 많이 찾고 있다.

"불과 냄비만 갖추면 바로 먹을 수 있게 육수와 면, 해물 등을 진공포장해 배송합니다. 간단한 조리법도 동봉돼 있어 10분이면 칼국수 한 그릇 뚝딱 만들어 먹을 수 있습니다. 진정한 의미의 '가정간편식(HMR)' 서비스를 제공하고 있다고 생각합니다."

5년 동안 하루도 쉬지 않고 면을 뽑는 한 대표. 오히려 건강이 좋아졌다며 웃어보였다.
칼국수한마당의 한승양 대표. 서울대 출신 '칼국수장이'다. 사진=조아라 한경닷컴 기자
rrang123@hankyung.com

한 대표는 60세에 가까운 나이임에도 불구하고 매일 새벽 6시에 출근해 직접 면을 뽑는다. 현장 배달도 적극 나서고 있다. 고객과 접점이 있어야 니즈를 파악할 수 있고 운영 방안에 대해 고민할 수 있기 때문이다. 시행착오는 거치고 있지만 이제는 어느 정도 기반을 닦은 단계라고 한 대표는 자부하고 있다. 처음엔 걱정 어린 소리만 했던 가족들도 이제는 든든한 조력자가 됐다.

"반복적인 일은 딱 질색이라고 느끼는 저에겐 지금 이 일이 너무 잘 맞습니다. 스스로 느끼기에 신통할 정도로 칼국수장이가 돼 버렸습니다. 좋은 고등학교를 나와 좋은 대학교, 직장에 갔지만 돌이켜 생각해보면 그냥 고등학교 졸업하고 이일을 했으면 더 좋았겠다는 생각도 가끔 들어요.(웃음)"

한 대표는 앞으로 퇴직 이후 제2의 인생을 찾는 이들에게 '주변의 시선은 중요하지 않다'고 강조했다. 하고 싶은 일이 있으면 주저하지 말고 도전하라는 설명이다. 앞으로 한 대표는 프랜차이즈 등을 통해 사업을 확대할 계획이다.

"남의 시선을 떠나서 어느 분야든 내가 좋아하고 분야에서 만족을 느끼는 게 중요하죠. 능동적인 삶을 사는 게 중요하지 않나요? 저는 지금 제 나이가 적지 않은 나이지만, 또 많지 않은 나이라고 생각합니다. 앞으로 70, 80세까지 제가 좋아하는 칼국수장이로 사는 게 제2의 꿈입니다."

동문 맛집을 찾아서:
좋아했던 요리하며 100세 시대 산다

한승양(무역80-85) 칼국수한마당 대표

서울대학교총동창신문 나경태 기자 479호 2018년 2월

"저희 칼국수를 드시고 맛있다며 좋아하시는 손님들의 모습을 볼 때 보람이 큽니다. 고등학교 졸업하고 바로 이 일을 했으면 더 좋았을 거란 생각도 가끔 들어요."

1985년 모교 졸업 후 신한금융투자의 전신인 쌍용투자증권 채권부에 입사, 국민연금 채권 운용팀장까지 지냈던 한승양(무역80-85) 칼국수한마당 대표는 자산유동화증권의 국내시장 정착에도 기여한 '정통 금융맨'이다. 그런 그가 IMF후폭풍도 점차 가라앉을 무렵인 2003년 돌연 금융계를 떠나 요식업계에 뛰어들었다. 평소 즐겨먹던 칼국수를 메인 아이템으로 내세워 6년 전 용인민속촌점을 연 것이 시작이었다. 지금은 용인터미널점, 분당구미점, 분당미금점 등 3개 점포를 추가 직영하면서 용인과 분당 일대 칼국수 마니아들의 입맛을 사로잡았다. 1월 22일 분당구미점에서 한승양 동문을 만났다.

"금융 쪽 일을 할 때도 자부심은 컸어요. 국민연금 시스템의 초석을 다지는 데 적지 않은 역할을 했죠. 부모님한테서 좋은 머리 물려받았고 환경이 받쳐준 덕에 마음 편히 공부했고 서울대를 나와 남부럽지 않은 직장에 다녔습니다. 그러나 그건 저 스스로 결정한 삶이 아니라 제 주변 여건에 떠밀려 살아온 것이라는 생각이 들었어요. 40대 중반에 이르렀을 때 정말 하고 싶은 일을 해보자 결심하게 됐죠."

시련도 없지 않았다. 칼국수한마당이 자리를 잡기까지 10년 가까운 시간 동안 좌절과 시행착오를 겪어야 했던 것. 해물·채소 등 원재료부터 밀가루

반죽에 이르기까지 조리과정이 조금만 달라져도 천양지차로 변하는 칼국수 맛을 잡기 위해 한 동문은 고민에 고민을 거듭해야 했다. 유명 칼국숫집을 찾아가 어깨 너머로 노하우를 전수받기도 하고, 좋은 재료를 구하기 위해 전국을 돌아다니기도 했다. 서울대 후광도 금융계 인맥도 소용없는 '정글' 속에서 오로지 칼국수에 대한 애정과 열정으로 오늘날의 성공을 일궜다.

"5년간 하루도 쉰 적이 없는 것 같습니다. 새벽 6시에 나와 밤 11시 넘어 퇴근하는 일상을 6년째 이어오고 있죠. 옆에서 보기엔 고돼 보이지만 좋아하는 일을 하니 저절로 힘이 납니다. 직장 다녔던 시절엔 감기도 잘 걸렸는데 요즘엔 제가 이렇게 강골이었나 싶을 정도로 활력이 넘치고 건강해졌어요."

칼국수 맛을 완성한 한 동문은 또 다른 모험을 감행했다. 가정에서도 손쉽게 칼국수를 즐길 수 있도록 반조리 상태로 배달서비스를 시작한 것. 라면보다 간편한 조리에 힘입어 6개월 만에 전체 매출의 과반을 차지할 정도로 시장의 반응도 뜨겁다. 인터뷰 당일에도 배달 앱을 통해 밀려드는 주문을 소화하느라 소형승합차를 타고 도로 위를 달리며 한 동문의 얘기를 들었다. 환갑이 눈앞이니 이제 그만 쉬는 게 좋지 않겠느냐고 묻자 그는 단호히 고개를 저었다.

"은퇴 후 집에서 쉬면서 여행 다니는 즐거움은 3개월을 못 가요. 저는 활기차게 일을 하면서 건강도 지키고 삶의 보람도 느낍니다. 100세 시대엔 정년 후에도 30년, 40년을 살아가야 하잖아요. 그땐 학벌보단 새롭게 시작하는 일에 대한 전문성이 중요합니다. 은퇴했거나 은퇴를 앞둔 동문들이 왕년의 지위에 연연하지 말고 처음부터 다시 배운다는 자세로 인생 2막을 열어갔으면 좋겠습니다."

[비바100]
금융맨에서 칼국숫집 사장님으로…
"원하는 일 해야 인생2막 성공"

[열정으로 사는 사람들] 한승양 '칼국수한마당' 대표

브릿지경제 이효정 기자 2018.12.03.

한승양 대표가 주방에서 칼국수 조리를 위해 직접 국물을 내고 있다.
작은 사진은 한마당 칼국수 대표 메뉴인 '해물칼국수'.

요즘같이 추운 날, 뜨끈한 국물이 먹고 싶을 때 '호로록' 부드러운 면발이 일품인 칼국수가 떠오른다. 보편적으로 많은 사람들이 좋아하는 메뉴지만, 한 남자는 유독 칼국수가 좋았다고 한다. 서울대를 졸업하고 20년 가까이 금융맨으로 일하며서도, 그는 가슴 한 구석 '칼국숫집 사장님'이 되고 싶다는 꿈을 간직하고 살았다. 결국, '좋아하는 것을 해보자'는 모토에 따라 안정적인 회사를 박차고 나와 진짜 꿈을 이룬 한승양 '칼국수한마당' 대표를 만나 이야기를 들어봤다.

서울대 국제경제학과를 졸업한 한 대표는 1985년부터 쌍용투자증권(현 신한금융투자) 채권부에서 일했다. 이후 국민연금 채권 팀장으로 일하면서 금융맨으로 탄탄대로를 걸었다. 40대에 증권사 임원까지 오르며 남부럽지 않은 소위 말하는 '엘리트 코스'를 밟았다.

"2030대에는 틀에 박힌 삶에서 주어진 상황에 맞게 인생을 살았어요. 매 순간 최선을 다한 덕분에 금융분야에서 일할 수 있는 기회를 얻었지만, 막상 해보고 나니 제가 원했던 삶은 아니었어요. 더 늦기 전에 자기주도적인 삶을 살아보자는 생각을 했죠. 되돌아보면 새로운 것에 도전하는 DNA가 강했던 것 같네요."

2003년 당시 한 대표의 나이는 40대 중반으로 자녀들은 중·고등학교에 다닐 때였지만, 하고 싶었던 외식업에 도전하기 위해 과감하게 회사를 그만뒀다. 주변에서는 격려 보다는 우려의 목소리가 컸다. 증권사 임원이라는 직책을 내려놓고 회사 밖으로 나오는 일이 주변에서는 '무모한 도전'으로 보였지만, 사실 한 대표에게는 '새로운 시작'이었다.

◇ 칼국수로 인생 2막을 열다

한승양 대표가 '칼국수한마당' 메뉴인 팥옹심이를 직접 만들고 있다.

"직장인의 삶도 어려웠지만, 창업을 하는 것은 상상 이상이더라고요. 일을 그만두고 원래 관심 분야였던 외식 사업에 대해 공부하기 시작했어요. 그 과정에서 좋아하는 칼국수를 메뉴로 정하고 전국을 돌아다니면서 유명한 곳에서 먹어보고 산지와 계약해 직접 재료를 선별했죠."

한 대표가 무엇인가를 할 때 가장 먼저 고려하는 게 '내가 좋아하는가'이다. 그는 주변에서도 인정하는 '칼국수 마니아'였다. 일주일에 2-3번 먹는 건 기본이었다는 게 한 대표의 설명이다. 이 외에 사업적인 측면에서도 경쟁력이 있는 메뉴라고 판단했다. '내가 좋아하는 아이템인데다 경쟁력도 있다면 주저할 이유가 없지 않은가'라는 게 한 대표의 설명이다.

"주변에 보면 칼국수를 대표 메뉴로 운영하는 오래된 맛집이 많아요. 퀄리티에 대한 경쟁력을 갖추고 열심히 한다면, 평생 직업으로 할 수 있다고 생각했죠. 최근 유행을 반짝 탔다가 사라지는 메뉴들이 많은 데요. 칼국수는 남녀노소 누구나 찾는 대표 메뉴로 오랫동안 지속가능성이 있다고 봅니다."

칼국수한마당의 메뉴는 해물칼국수와 들깨칼국수, 팥칼국수, 팥옹심이 등이다. 한 대표는 칼국수 창업을 준비하면서 밀가루 반죽은 물론 면을 뽑고 팥 옹심이도 직접 만들었다. 칼국수에 들어가는 재료 공수와 손질은 물론 소스도 한 대표의 작품이다.

"사람들이 어떻게 쉬지도 않고 맨날 일만 하느냐고 물어봐요. 사실 간단해요. 좋아하는 일을 하면 됩니다. 몸은 힘들 수 있지만, 그럼에도 불구하고 해낼 수 있는 원동력은 '좋아하기 때문'이죠."

◇ 새로운 유통 채널 "노하우 공유하고 싶어"

한승양 대표는 팥칼국수와 팥옹심이 메뉴를 만드는 주재료인 팥을 직접 산지에서 공수해 관리한다.

현재는 칼국수를 가정간편식(HMR)으로 배달해 주고, 팥옹심이 택배까지 가능도록 해 다양한 유통채널로 안정적인 수익이 가능한 시스템을 갖췄다.

특히, 요즘 1인 가구나 맞벌이 부부가 증가하면서 가정간편식이 대세인데, 칼국수 역시 반조리 혹은 완조리 형태로 배달해 주는 서비스를 시작하면서부터 소비자들 호응이 뜨겁다.

특히, 한 대표는 배달 음식이 아직까지는 위생에 대한 우려가 있다는 점에 착안해 칼국수에 들어가는 재료가 다 보이도록 진공포장한 상태로 배달해 신선함을 유지한다. 칼국수한마당 식재료의 경우 팥이나 콩 등은 산지와 장기 계약을 맺어 신선한 재료를 공수해오고, 해산물은 매일 아침 들여와서 당일 판매를 원칙으로 하고 있다는 게 한 대표의 설명이다.

"배달간편식을 시작한지 1년 정도 되었습니다. 겨울에는 사람들이 외부 활동을 자제하기 때문에 4계절 중에서 매출이 가장 저조한데요. 이제는 간편식 배달이 안정을 찾으면서 겨울에만 전체 매출의 30~40%까지 차지하는 등 인기가 높습니다."

현재 직원 15명과 함께 일하게 되면서 향후 프랜차이즈 등 구체적인 사업 구상이 가능해진 상황이다. 하지만, 보통 우리가 생각하는 프랜차이즈 모델이 되는 것은 한 대표가 원하는 방식이 아니다. 그에 따르면 프랜차이즈를 한다고 해도 매장 수를 갑자기 늘이려는 게 목표가 아니라, 정말 소규모로 외식 분야에 관심이 있고 일거리를 찾는 사람들에게 그동안 쌓아온 노하우를 공유하고 싶다.

"40대의 나이에 안정적인 직업을 그만둔다고 했을 때, 당시에는 날 이해하는 사람이 없었어요. 지금은 내 평생 직업으로 내가 하고 싶은 일을 하니 친구들이 부러워합니다. 하지만, 그 무엇보다 인생을 살아가는 데 있어서 중요한 건 하고 싶을 걸 해야 합니다. 그래야 어떤 어려움도 이겨낼 수 있는 힘이 생기죠. 칼국수가 오랫동안 사람들에게 사랑받아 온 메뉴로 잘 알려져 있는데요. 이제는 제가 칼국수처럼 오랫동안 다른 사람들의 멘토가 되고 싶다는 게 저의 새로운 꿈입니다."

3. ㈜한마당 회사 소개서

2. 회사 연혁

3. 차별화된 경쟁력

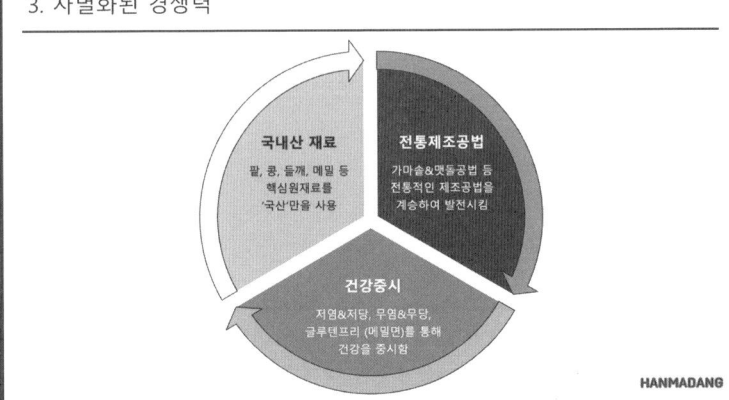

4. 매출액

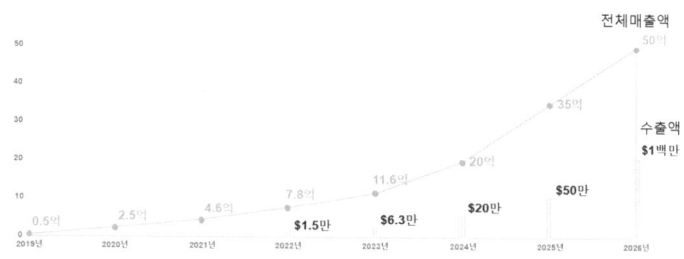

* 온, 오프라인 및 B2C, B2B의 균형잡힌 성장으로 매출 50% 이상 성장 중 (2026년 예상매출액 50억원)
* 품목의 다양화, 수출지역의 다변화로 2026년 예상 수출액 약 100만달러 목표

HANMADANG

5. (주)한마당 Smart 공장 구축 Road Map

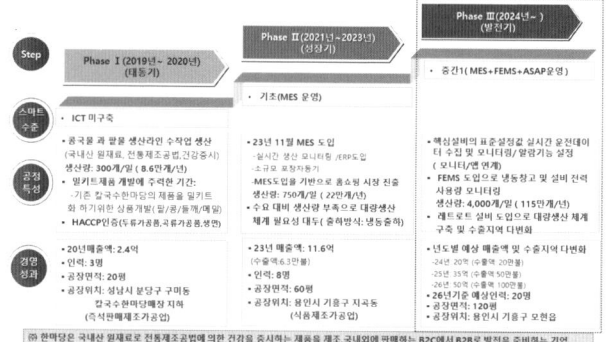

6. 회사 기업인증

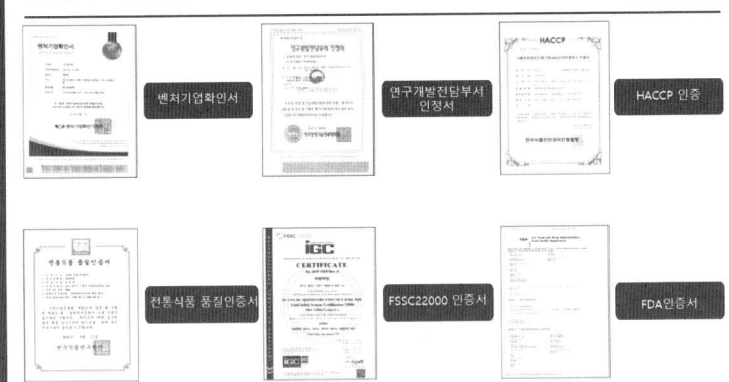

7. 공장설비

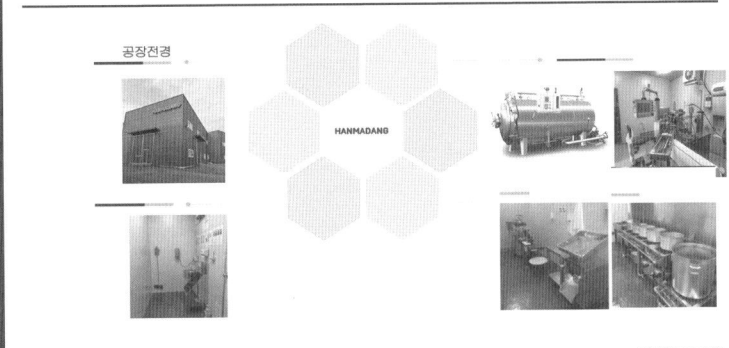

8. 제품소개 (팥)

- 새알팥죽
- 팥칼국수
- 팥물
- 건강한팥물

HANMADANG

8. 제품소개 (콩)

- 파주장단콩 콩국수
- 파주장단콩 콩물

HANMADANG

8. 제품소개 (들깨)

들깨칼국수

들깨수제비

들깨감자옹심이

들깨찹쌀옹심이

HANMADANG

8. 제품소개 (메밀)

100%메밀숙면
소면, 칼국수면

막국수
들기름막국수, 비빔막국수
동치미물막국수

메밀면 파주장단콩 콩국수

HANMADANG

8. 제품소개 (메밀)

메밀면 팥칼국수

메밀면 들깨칼국수

메밀면 매생이칼국수

HANMADANG

8. 제품소개 (매생이)

매생이칼국수

HANMADANG

HANMADANG

꿀국수칸미당   오두리 팔떡

에필로그

시작은 이러했다.

소기업의 경우, 회사의 브랜딩은 CEO의 경영철학, 지나온 발자취, 캐릭터 등에서 비롯되기 때문에 브랜딩의 일환으로 나의 이야기를 쓰고 싶었다. 지나온 경험이 누군가에게는 도움이 될 것도 같았다.

출판에 대해 문외한이었던 나는 인터넷을 뒤져 눈에 띄는 출판사를 선정해 1월에 계약까지 마쳤다. 처음에는 '2~3개월 정도면 되겠지.'라고 가볍게 생각했지만, 쓰다 보니 콘텐츠에 대한 무거운 책임감이 몰려왔다. '이거 쉽게 생각할 일이 아니구나!' 싶었다. 다시 자료를 찾아보고, 오래된 기억을 되살리며, 차근차근 글로 옮겼다.

하지만 회사 일들이 많아지고 거기에 공장 이전 작업까지 겹치면서 시간이 부족했다. 짬짬이 글을 써 왔지만, 처음에 생각했던 3개월을 훌쩍 넘겼다. 다행히 얼마 전부터 다소 시간이 나면서 평일 새벽과 주말, 연휴를 활용해 집필에 몰두할 수 있었고 큰아들 졸업식 참석차 10일 동안 현장을 비우게 되면서 노트북을 가져가 마무리 작업을 할 수 있었다. 큰 짐을 덜어 낸 듯 홀가분하였다.

그런데 막상 책을 세상에 내놓으려 하니 치부를 드러낸 것과 같은 부끄러운 마음과 '과연 내가 책을 쓸 자격이 있을까?' 하는 생각마저 들어 혼돈에 빠져 포기하고 싶었다.

  결국 주변의 권유로 출판하기로 결정은 하였지만, 독자들께서 접하실 때 여러모로 부족한 제 책을 너그럽게 이해해 주시고 봐 주시면 감사하겠다.